MW00439208

Dr. Steve **Stephens** y Pam **Vredevelt**

la
mujer

Herida

Esperanza y sanidad
para las que están heridas

Unilit   Sepa

A todas las mujeres heridas que se
niegan a darse por vencidas.

Publicado por
Editorial Unilit
Miami, Fl. 33172
Derechos reservados

© 2006 Editorial Unilit (Spanish translation)
Primera edición 2006
Primera edición 2011 (Serie Favoritos)

© 2006 por Dr. Steve Stephens y Pam Vredevelt
Originalmente publicado en inglés con el título:
Wounded Woman, The por Dr. Steve Stephens y Pam Vredevelt.
Publicado por *Multnomah Books*, un sello de
The Crown Publishing Group, una división de Random House, Inc.,
12265 Oracle Boulevard, Suite 200, Colorado Springs, CO 80921 USA
Publicado en español con permiso de Multnomah Books, un sello de
The Crown Publishing Group, una división de Random House, Inc.
(This translation published by arrangement with Multnomah Books, an imprint of *The Crown Publishing Group*, a division of Random House, Inc.)

Todos los derechos de publicación con excepción del idioma inglés son contratados
exclusivamente por GLINT, P O Box 4060, Ontario, California 91761-1003, USA.
(All non-English rights are contracted through: Gospel Literature International, P O Box
4060, Ontario, CA 91761-1003, USA.)

Reservados todos los derechos. Ninguna porción ni parte de esta obra se puede
reproducir, ni guardar en un sistema de almacenamiento de información, ni transmitir en
ninguna forma por ningún medio (electrónico, mecánico, de fotocopias, grabación, etc.)
sin el permiso previo de los editores, excepto en el caso de breves citas contenidas en
artículos importantes o reseñas.

Traducción: Grupo Nivel Uno, Inc.
Diseño de la portada: Ximena Urra
Fotografías de la portada: © 2011 Dirk van der Walt, Shpak Anton, Nagy Melinda. Usadas
con permiso de Shutterstock.com.

El texto bíblico ha sido tomado de la versión Reina Valera © 1960 Sociedades Bíblicas
en América Latina; © renovado 1988 Sociedades Bíblicas Unidas. Utilizado con permiso.
Reina-Valera 1960® es una marca registrada de la American Bible Society, y puede ser
usada solamente bajo licencia.
Las citas bíblicas señaladas con nvi se tomaron de la Santa Biblia, *Nueva Versión
Internacional*. © 1999 por la Sociedad Bíblica Internacional.
Las citas bíblicas señaladas con lbd se tomaron de la Santa Biblia, *La Biblia al Día*. © 1979
por la Sociedad Bíblica Internacional.
Las citas bíblicas señaladas con bls se tomaron de la *Biblia en Lenguaje Sencillo*. © 2000 por
las Sociedades Bíblicas Unidas. Usadas con permiso.

Producto 496936
ISBN 0-7899-2013-1
ISBN 978-0-7899-2013-3

Impreso en Colombia
Printed in Colombia

Categoría: Vida cristiana /Vida práctica /Mujeres
Category: Christian Living /Practical Life /Women

Contenido

Agradecimientos

¡Gracias! En especial a...

Nuestras amigas Kathy Boland, Janice Eacker, Lynn Ketch, Emily Main, Barb Majors, Joy Marsh, Cari Montgomery, Kate Smith y Marty Williams. Sus contribuciones luego de haber leído nuestro manuscrito le dieron corazón y alma a este libro.

Nuestro increíble editor, Larry Lobby. Llenaste los espacios vacíos como un mago.

Nuestros maravillosos compañeros de vida, Tami Stephens y John Vredevelt. Su apoyo, paciencia y aliento hicieron que este libro fuera posible.

La noche oscura

[Steve]

Las flores crecen de los momentos oscuros.

CORITA KENT

Jenny no quería mirarme.

No quería mirar a nadie.

La atractiva mujer de veintinueve años clavó la mirada en el suelo con los ojos llenos de lágrimas. Le temblaba el mentón. Acurrucada en el sillón de mi oficina, abrazaba un almohadón apretándolo contra su pecho. Sollozando, fue contando su historia poco a poco.

«Lo peor, lo que más miedo me daba eran las noches. Entonces, papá bebía y se volvía loco. Nunca sabía si debía esconderme o escapar. En la cama, yo me tapaba por completo intentando no oír los gritos e insultos. No sabía qué haría una vez que comenzaba a beber. Tenía miedo de que matara a mamá, o de que me matara a mí... o quizá a ambas».

Durante los siguientes cinco minutos escuché cómo su corazón herido volcaba una historia de miedo y confusión, de enojo y culpas, tristeza y desesperanza. Oí cómo luchaba por levantar cabeza y no ahogarse en el dolor, y cómo vez tras vez volvía a hundirse. Supe de su sensación de ahogo, de la idea de que moriría. Era como si algo que estaba fuera de su control la hundiera en un oscuro abismo. Cada tanto lograba librarse y luchaba por surgir a la superficie buscando una luz, un poco de aire. Pero entonces, sin aviso previo, algo volvía a hundirla en la oscuridad de la angustia mental.

De repente, hubo un momento de silencio.

Jenny levantó la mirada y con ojos casi incrédulos vio cómo me enjugaba una lágrima. Me había atrapado. Sequé otra lágrima y dije:

—Tiene que haber sido duro.

Apenas oí su respuesta:

—Gracias.

—Disculpa. ¿Qué dijiste? —pregunté.

—Nunca nadie derramó una lágrima por mí.

El atisbo de una sonrisa iluminó un poco su rostro, y volvió a susurrar:

—Gracias.

A veces me es imposible mantener la objetividad profesional cuando oigo historias como la de esta mujer. Puedo sentir ira por las injusticias que sufrieron, o un gran dolor por todo lo que las ha lastimado. Y en ocasiones me pregunto; *Oh Dios, ¿por qué permitiste que le pasara algo así a esta mujer?*

Todos tenemos heridas. Algunas son profundas, y otras más superficiales. Hay algunas recientes, y otras que son viejas. Algunas están ocultas, pero otras son evidentes a primera vista. Las heridas tienen formas y tamaños diversos, pero también tienen algo en común.

El dolor.

Y todos enfrentamos el dolor de modo diferente. Algunos permanecen en él durante demasiado tiempo, sintiendo encierro, ansiedad o enojo. Otros intentan no tenerlo en cuanta, y buscan distraerse para no sentir. Hay otros aun que se atascan y se sienten abrumados, confundidos ante la fuerza de lo que sienten.

La estela de siete engaños

Al hablar de heridas, del dolor que las acompaña y las cicatrices del alma que quedan detrás, queremos advertirte acerca de siete creencias equivocadas que dificultarán tu camino hacia la sanidad. Estas creencias causan más dolor y hacen que tu viaje sea más largo:

1. No estoy herida. (Negación).

2. No hablaré de mis heridas. (Vergüenza).

3. Mis heridas me empequeñecen y minimizan mis logros. (Identidad).

4. Dios me hizo esto. (Culpa).

5. No buscaré ayuda. (Orgullo).

6. Nadie puede ayudarme. (Desesperanza).

7. Si a Dios le importara, no habría permitido que esto sucediera. (Abandono).

Estas creencias no son saludables y pueden darle a tus heridas más poder del que merecen tener. Las heridas no tienen por qué debilitarte ni destruirte. Por el contrario, pueden ser un punto para realinear tus fuerzas, porque nos obligan a recurrir a la inagotable Fuente de toda fuerza. Recuerda lo que dice el apóstol Pablo: «Al que puede hacer muchísimo más que todo lo que podamos imaginarnos o pedir» (Efesios 3:20).

No podemos cambiar el pasado. Lo que sucedió, con todo su dolor, injusticia, crueldad, desilusión y tragedia, ha quedado en la historia y no podemos controlarlo. Aun así, podemos cambiar la manera en que vemos las dolorosas realidades que han golpeado nuestras vidas y lo que nos decimos acerca de esas dolorosas realidades.

Aunque sea difícil aceptar esto ahora, *puedes tener mayor control sobre tu situación actual de lo que crees posible.*

El profeta Jeremías completa la imagen un poco más cuando escribe: «Porque yo sé muy bien los planes que tengo para ustedes —afirma el SEÑOR—, planes de bienestar y no de calamidad, a fin de darles un futuro y una esperanza» (Jeremías 29:11).

Hay gran esperanza para toda mujer herida. Dios sana. El dolor no tiene por qué durar para siempre. Toda mujer, sea cual fuere el tipo, severidad o impacto de su herida, puede tener una vida llena de paz, y aun de gozo.

Dios tiene manos suaves. Puede consolarte y sanarte. Puede usar tus heridas para llevarte a una vida con mayor significado y abundancia de lo que hayas imaginado jamás. Jesús dijo: «Yo he venido para que tengan vida, y la tengan en abundancia» (Juan 10:10). Tu vida quizá no sea fácil, y habrá problemas y sufrimiento (¿quién no los tiene?), pero puede ser abundante.

Pam Vredevelt y yo llegamos a este proyecto con más de cincuenta años de experiencia conjunta en aconsejar a personas que han sufrido heridas muy profundas a causa de realidades durísimas. Al leer este libro queremos que sepas que te felicitamos por tu coraje, por *querer hacer algo* con tus heridas. Diste el primer paso al comprar este libro y leerlo. Todo viaje comienza con un primer paso.

También queremos que sepas que no estás sola. Hay millones de mujeres heridas en este mundo. Sus circunstancias y entornos pueden ser muy distintos a lo que te sucede a ti, pero el dolor sigue siendo dolor. Son tus hermanas y tienen historias para contar que te sonarán extrañamente familiares.

Contaremos algunas de estas historias y exploraremos algunas de las emociones que hay tras su dolor. Sabemos que todos manejamos nuestro dolor de manera diferente, a un ritmo distinto.

Así que tómate tu tiempo para leer estos capítulos. Da vuelta las páginas siguiendo tu propio ritmo, absorbiendo las palabras según te resulte más cómodo. No te apresures. Puedes leerlo en el orden en que lo presentamos o puedes buscar en la lista de contenidos para elegir los capítulos que prefieres leer primero. Si hay algún capítulo en especial que no se relaciona con tu situación o que te parece demasiado difícil, déjalo y lee el siguiente. Podrás leerlo cuando sientas que estás preparada, más adelante.

Oramos y esperamos que este libro te ayude a entender el proceso de sanidad y para que te brinde recursos positivos que te ayuden a avanzar a medida que elaboras tu dolor. Hemos escrito cada palabra para recordarte que no estás sola, que hay esperanza.

Dios no nos prometió una vida libre de dolor, pero sí prometió estar con nosotros para ayudarnos a sanar.

1. ¿Qué te atrajo hacia este libro? ¿Cómo esperas que te ayude?

2. ¿Cuál de las «Siete creencias equivocadas» de la página 13 te ha causado dificultades en el pasado? ¿Con cuál podrías tener dificultades ahora?

3. ¿Cuál fue tu noche más oscura, y qué fue lo que te dio un rayo de esperanza cuando todo lo demás parecía perdido?

4. ¿Qué te da energía? Date permiso en estos días para disfrutar una hora realizando esta actividad que tanto te gusta.

Demasiada lluvia

[Steve]

En toda vida tiene que llover un poco.

HENRY WADSWORTH LONGFELLOW

annette parecía tranquila.

Demasiado tranquila.

Se sentó en mi consultorio frente a mí y me dijo que después de dieciséis años de matrimonio acababa de descubrir que su esposo tenía una amante.

—¿Hablaste de esto con él?

—Sí, y dijo que se alegraba de que lo hubiera descubierto, y que ha estado saliendo con ella durante un año.

—¿Entonces qué quiere?

—Quiere el divorcio lo antes posible para poder casarse con ella —respondió Annette reclinándose sobre el respaldo de la silla.

—¿No estás enojada, Annette? ¿Herida? ¿Deprimida?

—Supongo que sí —dijo—. Pero no puedo darme el lujo de desperdiciar mi energía en eso. Tengo dos hijos a quienes debo criar y ellos me necesitan fuerte.

Annette tenía razón en un punto. Sus hijos iban a necesitar de sus fuerzas. *Pero enterrar vivas a las emociones no es señal de fuerza.* Quería gritarle:

«¡Sé realista, mujer! Tu esposo te ha traicionado de manera brutal. Violó tu confianza. Echó a la basura sus votos matrimoniales. Quiere abandonarte, y también a tus hijos. No finjas que todo está bien. ¡Grita! ¡Enójate! Haz algo».

Todos tenemos heridas. Vienen con el territorio en este planeta Tierra. El tema aquí no es si tenemos heridas o no, sino:

- ¿Qué heridas requieren de mi mayor atención?

- ¿Cómo me afectan mis heridas?

- ¿A qué altura del camino de la sanidad estoy?

- ¿Cómo pueden mis heridas hacerme más fuerte?

- ¿Cómo puede Dios usar mis heridas para bien?

Un anciano pastor de una iglesia rural me dijo que hay dos tipos de personas en el mundo: las heridas y las mentirosas. Y aunque su estilo fue rudo y poco diplomático, creo que tenía razón. Todos enfrentamos situaciones difíciles, injustas y dolorosas, y la mayoría dejan marca.

Cuando desaceleramos y nos obligamos a ser sinceros, vemos que no todo es como debiera ser en nuestra vida. Hay emociones como el enojo, la ansiedad, el miedo, la depresión, la inseguridad, la irritabilidad, la actitud defensiva, la confusión, la negatividad, la melancolía y la desesperanza, que son señales potenciales que intentan mostrarnos una herida en lo más profundo de nuestro corazón, una herida que todavía está abierta. Algunos sabemos exactamente qué tipo de heridas requieren de nuestra atención, pero otros no estamos tan seguros. Hay al menos siete tipos de heridas.

Siete heridas

Físicas: Estas heridas son las más visibles. En un mundo que da tanta importancia a la belleza y el aspecto externo, una cicatriz o una incapacidad pueden ser recordatorios constantes de una aflicción causada por la genética, una enfermedad, un accidente o el abuso. Las heridas físicas son dolorosas en sí mismas, pero a menudo van combinadas con alguna de las siguientes heridas, lo cual intensifica el dolor.

Sexuales: Nuestra sexualidad es uno de los aspectos más personales y vulnerables de quiénes somos como personas. Cuando alguien se aprovecha de esta parte de nosotros, quedan heridas profundas que pueden afectar la forma en que nos vemos a nosotros mismos, a los demás y la vida en general. Los límites sexuales nos protegen, pero cuando alguien los viola —a la fuerza, por medio de la manipulación o el miedo— podemos sentir que estamos destrozados.

Decisiones: A veces tomamos decisiones egoístas, tontas, impulsivas, sin pensar. Estas decisiones dejan marcas dolorosas. Si tan solo pudiéramos volver atrás y elegir algo diferente, lo haríamos en un segundo. Pero aquí estamos, quebrantados, y no hay a quién echarle culpas más que a nosotros mismos... y esto agrava el dolor.

Verbales: Las palabras pueden ser tan dolorosas como una herida física, y a veces más todavía. Cuando nos insultan o agravian las personas a las que respetamos y en quienes confiamos, sea con intención o sin querer, el dolor nos atraviesa hasta lo más profundo. Las palabras de desaliento, rechazo o ridículo pueden aplastarnos y nos roban nuestra confianza y sueños.

Sociales: Todos queremos gustar. Entonces cuando nos sentimos ignorados, avergonzados, excluidos, marginados, usados o atacados por otras personas la herida es real. Sin embargo, con frecuencia nos decimos que estamos siendo inmaduros o susceptibles, y que no debiéramos sufrir por esto. Creemos que somos capaces de no hacer caso a nuestras heridas. Pero esto no sirve para aliviar el dolor. El modo en que nos tratan los demás nos afecta, y a veces profundamente, más allá de que queramos admitirlo o no.

Espirituales: Cuando nos sentimos heridos por una iglesia, un hermano creyente, el clérigo o por Dios mismo, la herida puede llevarnos a sentir devastadora soledad y depresión espiritual. Sentimos que si Dios o su pueblo nos lastiman, Él debe estar en contra de nosotros o pensamos que no le importamos siquiera. ¿Quién puede en contra de Dios? En este punto nuestras heridas son como una maldición, sin remedio ni esperanzas de sanar.

Emocionales: Todas estas heridas que mencionamos tienen un componente emocional. A veces la herida original está tan oculta bajo los sentimientos que ni siquiera la encontramos. Solo sabemos que hay un profundo dolor que nos abruma, acompañado de las emociones que nos confunden, que nublan nuestro criterio y que muchas veces nos impiden ver que Dios está junto a nosotros.

La mayoría de las heridas son una combinación de algunos de estos siete tipos, y nos recuerdan que vivimos en un mundo quebrantado y que no podemos lograr nada por nuestros propios medios. Las heridas nos impiden tener un sentido exacto de quiénes somos y nos pueden llevar por el camino del desprecio hacia nosotros mismos.

En verdad, cada uno de nosotros es un paquete con gran potencial y grandes limitaciones. El libro de Génesis nos enseña que la humanidad fue creada a imagen de Dios, a partir del polvo de la tierra.

Nuestro Creador sabe muy bien de nuestros humildes orígenes, y siempre los toma en cuenta. David nos dice que: «Él conoce nuestra condición; sabe que somos de barro» (Salmo 103:14).

Nuestro espíritu nos permite volar alto, pero nuestras heridas nos atan al suelo. Las heridas nos retienen y hacen que nos apoyemos en aquel que puede sanarlas de verdad.

«Dígnate escuchar mi súplica», dice el salmista. «Tan colmado estoy de calamidades que mi vida está al borde del sepulcro» (Salmo 88:2-3). Todos tenemos problemas, y cada uno de ellos crea una herida potencial. Justo ayer hablaba yo con una atractiva y competente mujer de treinta y cuatro años sobre cómo su padre había abandonado a la familia cuando ella tenía seis años. Rechazaba mis preguntas, diciéndome que casi nunca piensa en ello porque es «historia antigua», y que «ya no influye en mi vida de hoy».

Cuando empecé a preguntarle sobre su padre, sin embargo, comenzó a llorar. Enseguida se secó las lágrimas diciendo cosas como: «Qué estúpida» o «No sé por qué me molesta».

Por último le dije:

—Pusiste un apósito sobre la herida, pero no ha sanado.

—¿Cómo puede ser? —me miró con atención y agregó—. ¡Han pasado veintiocho años!

—La mayoría de las cosas se diluyen con el tiempo —le expliqué—, pero los traumas suelen seguir frescos a menos que los tratemos.

Hay heridas que tocan lo más profundo de nuestro ser. Puede ser nuestra personalidad, situación o edad lo que nos haga más vulnerables a estas heridas. O podría ser la intensidad, el período de tiempo transcurrido, o la persona que nos hirió lo que nos causa profundo dolor. Sea cual fuere la razón, estas heridas son más traumáticas que otras dificultades que hayamos enfrentado.

La mayoría de los recuerdos se almacenan en nuestra mente por orden cronológico. A medida que el tiempo pasa, y aun si los hechos e imágenes siguen siendo vívidos, la intensidad disminuye y tienen menos impacto en el aquí y el ahora. Los traumas, sin embargo, se almacenan *por temas*. Esto significa que el dolor no disminuye con el tiempo. Cuando nos concentramos en este tipo de herida, no importa si el dolor fue causado ayer o hace mucho tiempo, seguirá teniendo la misma intensidad que en el primer momento.

¿De qué modo te está afectando tu herida?

En el test que sigue hay algunos síntomas que aparecen por lo general después de una herida. El primer paso a la sanidad es el de entender tu dolor y cómo te afecta. Puedes haberte acostumbrado tanto a tu herida que casi ni tomas conciencia de ella. Pero esto no es lo mismo que sanar. Ese dolor en lo profundo, que has alejado de tu mente, puede seguir afectando tu vida de manera obvia o sutil.

Tómate un momento y lee esta lista de síntomas, marcando aquellos que hayas sentido más de una vez durante esta última semana. Luego vuelve y piensa qué puede haber detrás de cada respuesta afirmativa. Pregúntate cosas como: *¿Son estos pensamientos, sentimientos y conductas algo normal en mí, o son la excepción? ¿Cuánto duran? ¿Qué parece dispararlos? ¿En qué medida perturban mi quehacer cotidiano?*

Al leer la lista, cuídate de la tendencia a racionalizar, restar importancia y buscar explicaciones que descarten la infelicidad. Intenta no rechazar tus respuestas diciendo cosas como: «Así es la vida», o «Todos sufrimos», o «Podría ser peor». Al terminar, suma y verifica las marcas para ver cuán profunda es tu herida y cuánto te está afectando hoy. Al pie encontrarás las referencias que te ayudarán a ver qué necesitas hacer.

23

❑ De repente sientes miedo sin razón aparente.

❑ Encuentras que comes aunque no sientas apetito.

❑ Tienes miedo de correr riesgos.

❑ Te resulta difícil confiar en la gente de veras, incluso en ti misma.

❑ A veces no te gustas.

❑ Los sentimientos de culpa y vergüenza a veces te abruman.

❑ Te cuesta sobreponerte a períodos de profunda ira o depresión.

- ❑ El mundo no se siente como un lugar seguro.

- ❑ Desearías poder vivir tu vida desde el principio otra vez.

- ❑ Sientes que algo está mal en ti.

- ❑ Te sobresaltas con facilidad.

- ❑ Te sientes sola, apartada de los demás.

- ❑ Haces cosas para acallar tu dolor interior.

- ❑ Tu futuro no parece positivo.

- ❑ Te cuesta dejar atrás el pasado.

- ❑ Siempre estás esperando que pase algo malo.

- ❑ La vida no parece ser muy justa.

- ❑ Las pesadillas, recuerdos o emociones profundas pueden hacer que estés molesta durante días.

- ❑ Te importa mucho sentirte segura y protegida.

- ❑ Te cuesta mucho relajarte del todo.

Si marcaste....	Tus heridas es probable que sean...
1–6	Leves a moderadas: ten cuidado.
7–12	Graves: tienes que hacer algo.
13–20	Severas: ¡busca ayuda ahora mismo!

Siempre hay esperanza

Las heridas forman parte de la realidad, y la realidad con frecuencia nos ofrece porciones grandes de dolor y crudeza.

Cuando estaba en uno de los momentos más duros de mi vida, recuerdo haber clamado a Dios, pero sentía que no había respuesta. En realidad el dolor me consumía tanto que ni siquiera podía ver u oír al Dios en quien tanto buscaba apoyarme.

Fue en ese momento que decidí buscar consejo sabio, cristiano. Estaba seguro que podrían darme esperanza. Me dijeron que orara más, que leyera la Biblia y confiara más en Dios.

Estas son cosas buenas.

Cada una de ellas es buena.

Pero no sirvieron para aliviar mi dolor.

Todo lo contrario. Esas respuestas eran como arena y sal frotadas sobre mis heridas. Porque mis «consejeros» me daban fórmulas. Pero nadie me *escuchaba*, nadie se me acercó, nadie lloró.

Me dieron su receta rápida y se mantuvieron a distancia. Solo pude negar con la cabeza y alejarme, sintiéndome solo y abandonado.

De esa situación salí decidido a entender cómo relacionarme con quienes sufren. Quería aprender a dar compasión y consuelo. En la hora más oscura de Jeremías, oímos decir a Dios: «Yo te restauraré y sanaré tus heridas» (30:17). Esta es la promesa que todos anhelamos cuando estamos sumidos en la más profunda desesperanza. El rey David lloró mientras escribía: «[...] profundamente herido está mi corazón» (Salmo 109:22).

Hannah Whitall Smith, una de las autoras cristianas con mayor éxito de todos los tiempos, pasó por períodos de profunda desesperanza y sintió gran desaliento. Cuatro de sus siete hijos murieron antes de llegar a la adultez. Una de sus hijas abandonó a su esposo para irse con un artista, y otra hija dejó su fe para casarse con el ateo Bertrand Russell. Su marido era un evangelista internacional que tuvo varias depresiones nerviosas y también amoríos, lo cual dio lugar a un escándalo público. Sus amigos la abandonaron y la artritis echaba un oscuro manto de dolor sobre sus días. Sin embargo, a través de todo esto siguió aferrándose a su fe, escribiendo libros como *Secreto de una vida cristiana feliz*, y *The God of All Comfort* [El Dios de todo consuelo].

En un momento de abrumador dolor y tensiones, escribió: «Ve a Dios en todo, y Dios calmará y dará color a todo lo que veas». En medio de tu dolor queremos ayudarte no solo a ver a Dios, sino a sentir sus brazos fuertes y suaves que te abrazan... te consuelan... te sostienen... y jamás te abandonan.

1. ¿Con qué te identificaste en la lista de heridas de las páginas 19 y 20?

2. ¿En qué forma te dificultan la vida cotidiana estas heridas?

3. Dentro de tu círculo de conocidos, ¿a quién conoces que haya sufrido heridas dolorosas? ¿Han logrado salir adelante? ¿Qué es lo que más les ayudó?

4. Tómate treinta minutos en estos días para sentarte al aire libre, e inspira profundo el aire fresco. Presta atención a los sonidos y olores que te rodean.

Luces en la oscuridad

[Pam]

> Puedo soportar aquello que conozco.
> Es lo que no conozco lo que me da miedo.
>
> FRANCES NEWTON

e n mi consultorio de consejería y durante mis viajes como disertante con frecuencia oigo a mujeres que preguntan cosas como:

- ¿Cómo puedo dejar ir al dolor?
- ¿Alguna vez me sobrepondré a este dolor?
- ¿Cuánto tiempo me llevará sanar?
- ¿Qué debo esperar en el futuro?

Estas mujeres suelen esperar respuestas sólidas y probadas en medio de la dura realidad de sus vidas. Quieren saber cómo manejar su dolor y qué esperar durante su «oscura noche del alma». Saber ciertas cosas puede ayudar, como ayuda una luz en el camino oscuro y desconocido, revelando lo que la noche oculta.

Cuando sufrimos dolor psicológico, la mente inicia un proceso de recuperación que es tan natural como el de la sanidad de una herida física. Sin embargo, en tanto las heridas físicas pueden sanar bastante rápido con ayuda de la medicina moderna, el dolor de un corazón herido puede seguir allí, adormecido durante años, y es mucho más obstinado, elusivo y difícil de identificar.

Procesar el dolor puede ser algo muy confuso. La tristeza, la impotencia, la ambivalencia, el enojo, la agitación y la confusión pueden ahogarnos de manera impredecible. Y aunque estos sentimientos muchas veces nos asustan y nos cuesta entenderlos, no están mal. Porque en realidad son respuestas normales y necesarias para nuestro crecimiento.

La verdad es que sentir forma parte integral de la sanidad.

Sentir es sanar

Sentir conduce al alivio. Negar, guardar o acallar los sentimientos con alguna conducta adictiva solo hará que nuestro dolor se prolongue y se haga más intenso. Nos impide avanzar. Reprimir los sentimientos quizá nos brinda una sensación de protección, pero nos exige tremenda cantidad de energía. Es como tratar de mantener una pelota inflable bajo el agua, cuando lo que quiere es salir con toda su fuerza. Dejar que los sentimientos surjan a la superficie puede darnos sanidad, brindándonos la energía extra que necesitamos para reconstruir nuestra vida.

Recuerdo el dolor en mis brazos vacíos después de que muriera nuestro primer bebé a mitad del embarazo. Con mis hormonas posparto haciendo estragos en mi cuerpo, el dolor era más de lo que estaba dispuesta a soportar. Le dije a un colega mío en el centro de consejería donde trabajaba:

«Ojalá hubiera una píldora que pudiera tomar para que estos sentimientos desaparecieran».

Fue muy bondadoso, y como buen amigo me dijo la verdad con amor: «Claro que puedo entenderte, pero entonces tendrías que elaborar tu duelo más adelante».

Tenía razón, y hoy lo entiendo mucho mejor. Porque la sanidad nos exige sentir y cabalgar nuestras emociones más potentes. Cuando sentimos nuestro dolor progresamos. A veces esto nos confunde. Pensamos que si sentimos algo muy profundamente, enloqueceremos o tendremos un ataque de nervios. ¡No es así!

Una de las declaraciones que con frecuencia comparto con mujeres heridas es: *Los peces nadan, los pájaros vuelan, y la gente siente. Sentir es sanar.*

Debemos otorgarnos y otorgar a los demás permiso para sentir. Cuando permitimos que nuestros sentimientos salgan a la superficie y purguen el dolor de nuestro corazón, esto también puede sernos útil para conocer algunos de los puntos de referencia o hitos en el camino hacia la recuperación. Al embarcarnos en este viaje es bueno tener una idea general de lo que nos espera delante. Las experiencias que coinciden con nuestras expectativas son más fáciles de manejar, aunque sean en extremo dolorosas. Cuando sabemos qué esperar, podemos adaptarnos, ajustarnos con mayor facilidad.

El alivio proviene de saber que vamos en la dirección correcta aunque sepamos que el camino es largo.

Hable de algunas de estas reflexiones hace poco con Sheri, una joven que sufría terrible angustia porque había sido violada. Su vida estaba hecha añicos. No lograba levantarse de la cama por las mañanas. Convencida de que ahora era mercancía defectuosa, pensaba que su llanto, confusión y miedo a enloquecer no la dejarían jamás. La montaña rusa emocional la llevó a comer de forma compulsiva. Sus heridas físicas y emocionales la habían inmovilizado. Fue bueno que la mejor amiga de Sheri se diera cuenta de que necesitaba ayuda, y que la alentara para que viniera a verme. Después de oír su dramática historia le ofrecí una idea de lo que podía esperar en los meses por venir.

«Sheri, estás herida física y psicológicamente. Tus heridas físicas sanarán mucho antes que las del corazón. Pero con el tiempo sanarás. A medida que vayas sanando, es posible que pases por tres etapas: crisis, rechazo y reorganización. Ahora estás en la fase de la crisis. Tus nervios están en carne viva. Te cuesta concentrarte. Pareciera que tu mente está en cortocircuito a causa del horror por el que pasaste. Esto sobrecargó tu computadora mental. Esto es temporal y tu mejor amiga y yo te ayudaremos a pasar por esta etapa. No tienes por qué hacerlo sola. Las cosas probablemente empeoren antes de comenzar a mejorar, pero sanarás y dentro de un año estarás en un lugar mucho mejor...»

No quería abrumar a Sheri con demasiada información, así que antes de que se fuera le di una lista de puntos de referencia en el camino hacia la recuperación, esperando que le sirvieran como luces en un camino oscuro.

Luces en la oscuridad

La fase de la crisis:

Esta fase, marcada por intensa emoción, comienza cuando sufrimos una herida. Podemos sentir que nos inunda la tristeza, el enojo, la ira, la confusión y la ansiedad. Intentamos tomar decisiones pero es como si estuviéramos en punto muerto, incapaces de avanzar. Todas nuestras ideas y pensamientos están en confusión. Los nervios están en carne viva y nos abruma la sensación de que no podremos soportarlo. Nos consume el sentimiento de desesperanza e indefensión.

Hay quienes podrán entrar en estado de choque, y por fuera parecer como si nada hubiera pasado. Las emociones se entierran vivas y las bloqueamos de nuestra conciencia. Los recuerdos instantáneos, relámpagos del incidente o la obsesión de revivir el momento trágico una y otra vez nos impiden pensar con claridad durante el día y las pesadillas nos roban el sueño reparador por las noches. Esta fase suele durar entre unos días y unos meses, dependiendo de la magnitud de la herida y del apoyo y recurso con que contemos. Cuando reanudamos nuestra rutina normal, aunque sentimos que solo hacemos las cosas de forma mecánica, estamos pasando de la fase de crisis a la de rechazo.

La fase del rechazo:

Durante esta fase intentamos esforzarnos por volver a la vida normal, como vivíamos antes de lo que nos hizo sufrir. Las cosas parecieran estar mejorando. Nos estamos reacomodando y ahora comenzamos a enfrentar los hechos y sentimientos relacionados con nuestra herida. Las emociones difíciles como la ira, el enojo, la culpa, el miedo, la ansiedad, la tristeza, la desesperanza e indefensión salen a la superficie. No podemos enfrentarlas todas al mismo tiempo, pero sí poco a poco. La sanidad se da por partes, lenta pero segura.

En esta fase oscilamos entre la negación y la resolución. Hay días en que tenemos fuerza interior como para pensar en la herida y para hablar de ella con Dios y los amigos en quienes confiamos. Pero hay otros días en que tenemos que alejarnos de ello y decir: «Por hoy no voy a ocuparme de esto. Le daré a mi mente un descanso». Ambas perspectivas son válidas y útiles.

La fase de reorganización:

En esta fase nos enfocamos menos en nuestras heridas y el dolor del pasado, y más en el presente y el futuro. Nos enfocamos hacia adelante, viendo el camino por recorrer, y ya no miramos tanto el espejo retrovisor. El dolor ya no domina nuestros días ni dirige nuestras decisiones. Estamos más calmados. La tristeza, el miedo, el enojo, la culpa y la vergüenza que antes nos abrumaban pueden seguir presentes, pero ya no son sentimientos tan intensos y frecuentes. Aunque hay olas de dolor que nos inundan en ocasiones, podemos reconocerlas, sentirlas y dejarlas pasar. Nuestro dolor ya no es tan profundo ni habita en nosotros todo el tiempo. Encontramos que podemos concentrarnos mejor, y que recuperamos la energía y capacidad de tomar decisiones casi por completo.

Nuestro dolor empieza a ubicarse donde corresponde a medida que sentimos que nuestra herida es apenas una fina rebanada del enorme pastel de la vida.

Esto es muy importante. *Nuestra herida no es el pastel completo.* Sí que sentíamos esto en la fase de la crisis, pero ahora podemos reconocer y aceptar esta herida como parte de la experiencia total de vivir. A medida que pasa el tiempo aprendemos a integrarla con los demás aspectos de la vida.

La paz y la sanidad vienen en el contexto de las relaciones.

La angustia mental es una herida invisible que a menudo pasa inadvertida para los demás. Como resultado hay mujeres que sufren a solas, por lo que su sanidad se demora y posterga. Cuando estamos sanando, es esencial correr el riesgo de relacionarnos. *Pelear* contra la voz interior que nos dice: «No hables de ello. No los molestes con los detalles», porque tenemos que salir y relacionarnos. Cuando permitimos que las personas en quienes confiamos compartan la carga con nosotros y logramos compartir con ellas a la vez los pensamientos y sensaciones con toda sinceridad, estaremos acelerando nuestro proceso de sanidad. También sucede lo puesto. El aislamiento puede retardar nuestro crecimiento y sanidad.

Es natural querer retirarse, apartarse de todos y de todo cuando sufrimos un dolor profundo, como quitaríamos el dedo de la llama de una vela para protegernos de las quemaduras. Sin embargo, si nos mantenemos apartados y sacamos a Dios y a los demás del entorno, estaremos actuando en detrimento de nuestra sanidad.

Cuando pienso en mi vida y en los momentos de profunda tristeza y abrumador dolor, veo que mis momentos de mayor alivio fueron aquellos en que percibí que Dios o un amigo querido estaba verdaderamente presente conmigo en mi dolor. Era como si alguien abriera una puerta y mi oscuridad estuviera compartida con quien se sentaba a mi lado, esperando junto a mí con aceptación.

Mi herida era el punto de encuentro.

La paz interior y la sanidad nacían a partir de esa conexión.

Su compañía en mi dolor me trajo alivio aunque las circunstancias de evocación del pasado fueran las mismas y no cambiaran.

No sé por qué nos cuesta tanto pedir apoyo emocional cuando nos hace falta. ¿Por qué es que vamos a ver a un médico clínico cuando tenemos un hueso roto, y nos cuesta tanto buscar ayuda cuando lo que se rompe es nuestro corazón? Me han dicho que el hueso roto con el tiempo podrá sanar aunque no se lo trate, pero que no funcionará muy bien. Lo mismo sucede cuando dejamos sin atender las heridas invisibles del alma.

Sí, el recuerdo de la herida se esfumará con el tiempo. Pero si no sana de veras quizá terminemos impedidos en algún aspecto al relacionarnos con los demás. En lugar de escapar del dolor, corremos el peligro de volver a crearlo una y otra vez.

Sin embargo, hay una buena noticia: cuando enfrentamos los hechos de nuestra herida, y presentamos nuestro corazón y pensamientos ante Dios y los amigos en quienes confiamos, comienza la sanidad. Quizá no sea todo lo rápida que esperamos, y puede no ser fácil, pero vendrá.

Muchas mujeres permanecen en la fase del rechazo durante un año o más, dependiendo de la gravedad de su herida, de la fuerza de su relación con Dios y de la disponibilidad de recursos y apoyo. Cuando enfrentamos y abrazamos nuestro dolor junto a Dios y quienes nos apoyan, por fin, nos encontramos en la tercera fase del viaje de sanidad.

Cuando hayas sufrido un gran dolor, busca amigos que...

No se escandalicen, y que acepten tus sentimientos.

No te ofrezcan consejos que no pides.

Te ayuden a recuperar tus fuerzas.

Confíen en que eres capaz de sobreponerte a este momento difícil.

Te traten como adulto capaz de tomar decisiones.

Respeten tu valor y sentido de determinación.

Entiendan que el dolor es algo normal.

Hayan pasado por momentos difíciles y puedan hablar de su experiencia contigo.

Intenten entender lo que significan tus sentimientos para ti.

Oren contigo y por ti.

Poner el dolor en perspectiva

La perspectiva llega cuando prestamos atención a lo que nos decimos acerca de nuestra herida. Es importante que no dramaticemos nuestro dolor haciendo de él una catástrofe y diciendo: «¡No puedo soportarlo! Esto es lo peor que podría haberme pasado... Ya no puedo seguir...»

No nos ayuda esta posición de oráculo ominoso que anuncia: «El resto de mi vida será una ruina... No hay forma de seguir adelante... El futuro ya no tiene esperanza...»

No importa que todo esto sea mentira. El pensamiento extremista puede bloquear nuestra capacidad para seguir avanzando. Tenemos que evitar decirnos a nosotros mismos cosas como: «A nadie le importa lo que me pasa. Todo en mi vida está mal. La vida siempre será así de difícil. Nada cambiará».

Cuando estamos pasando por un momento de fragilidad emocional podemos culparnos por cosas que están más allá de nuestro control. Cuando Sheri me contó sobre la violación que sufrió, supe que el atacante era un chico de la universidad que la había invitado a salir. Sheri intentaba encontrar algún sentido en medio del horror y buscaba explicaciones en cosas que podría haber hecho como para causar la violación.

Parte de la sanidad de Sheri surgió a partir de que pudo ver que no había hecho nada para causarlo. Su atacante decidió hacer lo que hizo y ella no había podido controlar su conducta agresiva. Se esforzó por defenderse en el momento, pero el muchacho era más grande y fuerte que ella, y sin misericordia alguna amenazó con matarla. No pudo, sencillamente, luchar contra él.

Necesitó valor, y más del que creía tener, pero Sheri pasó varios meses en consejería y allí pudo reconocer, revivir y procesar su trauma. Enfrentar la verdad sobre lo perdido y ver cómo esto afectaba su vida, fueron aspectos clave para ir lentamente apagando el poder de su dolor. Cambiaba semana a semana. Al principio solo había lágrimas, pero luego su mirada fría fue iluminándose con alguna que otra sonrisa espontánea. Poco a poco, piedra a piedra, pudo derribar el muro que había levantado alrededor de su corazón, arriesgándose a dejar que el dolor saliera y los demás pudieran entrar.

Con el tiempo Sheri logró tener el coraje necesario como para unirse a un grupo de apoyo, con otras mujeres en proceso de recuperación. Una noche el grupo quiso hablar de Dios y de cómo percibían su participación e interés en sus vidas. La líder del grupo repartió papel y marcadores, pidiéndoles que dibujaran algo que representara su relación con Dios.

Una de las mujeres se dibujó como una figura de palote, cabeza sin rostro, sin cabello ni ropa, arrodillada junto a un muro altísimo. Las manos le cubrían el rostro, y del otro lado del muro había dibujado un sol, donde Jesús estaba junto a muchísimas otras figuras humanas, de palotes también. Se describió a sí misma como quien estaba fuera, espiando hacia dentro: «Siento que Dios tiene amigos de todo tipo aquí en la tierra, pero que yo no estoy entre ellos», dijo.

Recorrimos el círculo de mujeres y cada una mostró su dibujo. Cuando llegó el turno de Sheri, mostró la imagen de dos manos sosteniendo las asas de un jarrón muy decorado. Podría haber coloreado su dibujo, pero eligió usar solo el negro. La silueta del jarrón era perfectamente simétrica, y estaba bien dibujado. Pero a la mitad del jarrón había dibujado una rajadura gruesa. Su descripción me conmovió:

«No tiene arreglo», dijo lentamente. «Las manos que lo sostienen van a tirarlo a la basura».

No era un dibujo bello, pero aun así Sheri dio un paso hacia adelante esa noche. Pudo abrirse a los demás y mostrar qué sentía respecto de su relación con Dios.

Una de las mujeres del grupo, Terry, de inmediato le preguntó a Sheri *cómo* se había rajado el jarrón. Terry también era víctima de una violación y ya estaba llegando al final de su viaje de recuperación. Sintiéndose segura en este grupo, Sheri pudo levantar el velo que ocultaba su dolor y contó los detalles de la cita que terminó en violación. Fue increíble ver cómo Dios obraba en Sheri a través de estas mujeres que le ofrecían su gracia, aceptación y verdad.

La amargura de Sheri comenzó a cambiar de manera muy sutil. No sucedió rápido, pero todo cambio a largo plazo es lento, por supuesto. A medida que pasaban los meses su compulsión por comer fue desapareciendo. ¿Por qué? Porque el dolor que la empujaba a comer estaba perdiendo su fuerza. Sheri aprendía a enfrentar su dolor, a dejarlo ir, por lo que ya no necesitaba la anestesia que le brindaban las comilonas.

Un día Sheri entró en mi oficina y dijo: «He tomado una decisión. Quiero aprender a trabajar en la línea de ayuda telefónica para víctimas de violaciones».

No quería que otras mujeres sufrieran en silencio, o que vivieran en negación como lo había hecho ella durante tantos años. Quería ser un refugio para quienes se escondían y sufrían. Quería que Dios usara su quebranto para ayudar a otras mujeres a sanar.

Hacia el final de la recuperación de Sheri el grupo volvió a hablar de Dios. Cada una de las mujeres recibió una hoja de papel y marcadores de colores. Al terminar, todas mostraron sus dibujos.

El nuevo dibujo de Sheri me intrigó. Volvió a dibujar un jarrón perfectamente simétrico, con asas ornadas a ambos lados. Una vez más había dos manos tomándolo con firmeza. La rajadura también seguía allí.

Pero esta vez Sheri había añadido algo. Con marcador fluorescente, había dibujado gruesas líneas, como si fueran rayos de luz que salían de la rajadura y fluían hacia los bordes de la hoja de papel. Señalando la rajadura dijo: «Por aquí fluye la luz de Dios hacia fuera».

Una vez más recordé que es a través de nuestro sufrimiento, de nuestras heridas y tribulaciones que revelamos la gloria de Dios. Bajo el dibujo de Sheri bien podría haber estado como epígrafe lo que dice 2 Corintios 4:

Porque Dios, que ordenó que la luz resplandeciera en las tinieblas, hizo brillar su luz en nuestro corazón para que conociéramos la gloria de Dios que resplandece en el rostro de Cristo. Pero tenemos este tesoro en vasijas de barro para que se vea que tan sublime poder viene de Dios y no de nosotros. Nos vemos atribulados en todo, pero no abatidos; perplejos, pero no desesperados; perseguidos, pero no abandonados; derribados, pero no destruidos» (vv. 6-9).

Vasijas de barro. Vasijas con rajaduras. Vasijas con manchas, imperfecciones, cascadas en los bordes. Personas con problemas, confusiones, debilidades, traumas y miedos. Es todo lo que somos sin Dios.

Pero *con* Dios... ah, somos mucho más.

Con Dios somos personas con un tesoro dentro, un tesoro cuyo valor es incalculable, sin precio. Somos mujeres con la gloria de Dios obrando en nosotras. Su obra no consiste en quitar nuestras debilidades o dificultades. No. Su obra se revela cuando Él libera su divino poder *a través de* nuestras debilidades.

Cuando la vida es dura y Dios está en nosotros, nuestro lugar de quebranto puede convertirse en las ventanas por las que brilla su gloria.

Cuando la vida es dura y Dios está en nosotros, entonces nosotros, vasijas rajadas, podemos convertirnos en trofeos.

Cuando la vida es dura y Dios está en nosotros, podemos confiar que de alguna manera Él nos dará su gloria redentora para que la vivamos y podamos transmitirla a los demás.

Cuanto más tiempo paso trabajando con mujeres heridas, tanto más convencida estoy de que si un corazón se abre y es sincero, no hay dolor lo suficientemente potente o dañino como para que Dios no pueda sanarlo. Quienes han sido heridas y sanaron luego tienen el don de ayudar a sanar. Las heridas nos cambian. Convocan nuestro coraje. Exigen que crezcamos mental, emocional y espiritualmente. Cuando enfrentamos y abrazamos nuestro dolor ya no volvemos a ser las mismas. Somos mejores que antes.

Y como sucedió con Sheri, los lugares quebrantados de nuestras vidas, las fracturas, rajaduras y bordes cascados, pueden convertirse justamente en contenedores de la gloria de Dios, que se vierte como torrente de luz, esperanza y sanidad. Desde nuestra oscuridad personal la luz penetrante de Dios puede tocar a quienes todavía andan a tientas en las sombras.

Solo necesitas preguntárselo a alguna de las mujeres que atiende la línea de ayuda telefónica para mujeres violadas.

1. Anota en una hoja de papel todos los sentimientos que has experimentado en esta última semana. Marca con un círculo los tres sentimientos más abrumadores.

2. ¿En cuál de las tres fases siguientes estás?

   Crisis: intensa confusión y emoción.

   Rechazo: todo parece estar mejorando y acomodándose.

   Reorganización: estás avanzando.

3. Mira nuevamente las «Características de los amigos en quienes confiar» en las páginas 36–37. Decide buscar al menos una persona en quien confiar esta semana.

4. Escribe un poema, dibuja algo o crea un collage con fotografías que pueda representar lo que sientes en tu corazón.

Dolor del bueno

[Pam]

El dolor viene en un solo tamaño... extra grande.

DENNIS MANNING

dejé su carta sobre el escritorio y sequé mis lágrimas. Me pregunté si tendría fuerzas como para seguir leyendo. Las primeras frases me habían quitado el aliento: «Ha sido un año muy duro para nosotros. Nuestro hijo se suicidó en abril».

«¡No!», grité con incredulidad. «Esto no puede estar pasándoles a Mike y Susie. ¡No a ellos!»

La carta revelaba el resto de la historia:

Al limpiar el apartamento de Jon encontramos diarios personales de sus años en la universidad. Tenía grandes planes. Planes grandiosos. Pero fue víctima de una enfermedad mental que golpea a los jóvenes adultos en la flor de la vida: la esquizofrenia paranoica. Sus miedos se basaban en complots imaginarios en contra de su vida, en la vigilancia constante de la CIA, en voces que le decían que era un fracasado.

Todo esto lo inmovilizaba. Durante ocho largos años lo intentó, pero no pudo derrotar a estas voces que insistían con persistencia. En su mente había una sola salida. Y para desafiar a sus torturadores, se quitó la vida.

Jon había iniciado este camino cuesta abajo en su último año como estudiante universitario. Como padres sentíamos que no había nada que pudiéramos hacer. Los padres queremos rescatar, resolver, arreglar los problemas de nuestros hijos. Lo intentamos, pero nada sirvió y vimos cómo empeoraba. No hay palabras para describir el dolor inconmensurable de estos últimos años, el dolor que sentimos hoy. Se supone que los hijos sobrevivan a sus padres...

Hay muchas cosas que «se supone» no debieran suceder. Homicidios horrendos. Accidentes terribles. Nacimientos traumáticos. Discapacidades. Enfermedades terminales. Traslados a destiempo. Despidos. Bancarrotas. Divorcios. Muertes. Estas pérdidas dejan heridas abiertas, como tajos sangrantes. Los que sufren estas heridas pueden mejorar o empeorar. Pero nadie vuelve a ser como era antes.

Escribo este capítulo y pienso en varios amigos que viven la angustia de pérdidas irreparables. Mike y Susie lloran a su hijo Jon. Sandy y Rob lloran a su querida hermana cuya vida se vio truncada por un conductor ebrio que conducía por la calle a 95 km/h. Terry y Bill luchan por mantenerse a flote mientras ayudan a su hijo a cargar el peso de una horrible enfermedad mental.

El dolor de estas personas no se va. Hace que hasta los más capaces y competentes sientan que ya no pueden seguir adelante. Sus tanques de combustible están vacíos. En los momentos de más oscura desesperanza se preguntan en secreto: «¿Para qué seguir?». La pena no los deja en paz, y *cuanto mayor sea esta pérdida, tanto más grande es el dolor.*

¿Es el dolor un huésped no invitado que vino a quedarse en tu vida? ¿Te encuentras andando a tientas en las sombras de recuerdos y heridas dolorosos que preferirías no albergar en tu mente nunca más? Si es así, quizá hayas visto que el dolor *no* es un camino que puedas recorrer a solas. Porque es demasiado opresivo. Confunde. Da miedo. Necesitas que alguien te ayude a encontrar el camino en medio de las tinieblas.

Puedo ofrecerte un mapa.

Tus amigos y familiares pueden brindarte apoyo.

Sin embargo, Dios es el único que conoce todos los detalles, y quien mejor equipado está para guiarte por este desconocido camino hacia nuevos comienzos, hacia donde hay más luz. Si confías en tu propia capacidad podrás perderte. No así con Dios. Porque Él promete:

«Conduciré a los ciegos por caminos desconocidos, los
guiaré por senderos inexplorados; ante ellos convertiré
en luz las tinieblas, y allanaré los lugares escabrosos.
Esto haré, y no los abandonaré» (Isaías 42:16).

No conozco el camino de salida de la oscuridad en la que estás hoy. Solo Dios lo conoce. Sí, he sufrido cosas parecidas a lo que sufren otros, pero la experiencia del dolor es distinta para cada persona. Tus heridas son únicas. Son tuyas. Tu proceso de sanidad también será único y personal.

Por favor, presta mucha atención. Quiero que te aferres con fuerza a lo que diré ahora. Porque forma la base de lo que suponemos acerca del dolor. Tu dolor no es un problema. Es una solución.

El dolor que pasaste —o todavía estás pasando— es una fuerza que te impulsa. La energía emocional generada por este dolor es lo que te presionará para que te examines, para que examines tu perspectiva del mundo y tu creencia en cuanto a Dios, permitiéndote finalmente ajustarte a tu pérdida. Es lo que te dará energía para cambiar, adaptarte, crecer y avanzar por el valle de sombras hacia el otro lado, de regreso a la luz del sol.

El dolor no es el camino *hacia* la sanidad.

El dolor es el camino *de* la sanidad.

Y es territorio conocido para Jesús.

Isaías dice de nuestro Salvador sufriente: «[Fue] despreciado y rechazado por los hombres, varón de dolores, hecho para el sufrimiento» (Isaías 53:3). El libro de Hebreos nos recuerda que como nuestro Sumo Sacerdote Jesús nunca es «incapaz de compadecerse de nuestras debilidades, sino uno que ha sido tentado en todo de la misma manera que nosotros, aunque sin pecado. Así que acerquémonos confiadamente al trono de la gracia para recibir misericordia y hallar la gracia que nos ayude en el momento que más la necesitemos» (4:15-16).

Él conoce plenamente tu amargo dolor y conoce el camino para salir de tu sufrimiento. La palabra clave es «a través». No sentirás desesperación eternamente. Dios lo garantiza: «Pero yo te restauraré y sanaré tus heridas —afirma el SEÑOR» (Jeremías 30:17).

Puede ser que te resulte difícil aceptar esto ahora, pero es cierto: *la desesperación es productiva si nos impulsa hacia Dios.* Nos presenta oportunidades para que veamos cómo Dios despliega su gracia y poder en nuestras vidas. Nos da la oportunidad de dar un pasito atrás para ser testigos de cómo Dios hace lo que el ser humano no puede hacer. Nos permite experimentar a Dios como lo que sea que necesitemos en ese momento, mientras nos acompaña a lo largo del camino de la sanidad. Llegamos a conocerle como nuestro Dios de consuelo. Nuestra fuerza. Nuestro escudo. Nuestra seguridad. Nuestro lugar seguro. Nuestra paz.

El crecimiento posterior a la batalla producida por una herida profunda puede ser un proceso que asuste, un camino rocoso y empinado. Es terreno duro. Con acantilados altos y giros imprevisibles. La oscuridad nos ciega y no podemos ver más allá de nuestras narices. El viaje a lo largo de este camino incluye reacciones internas muy intensas: negación, ansiedad, culpa, pena y enojo. La suma total de estas reacciones es lo que llamamos dolor.

El dolor no es lógico.

El dolor no es lineal.

No hay nada prolijo ni ordenado en este proceso. Si alguien quisiera aplicar una fórmula del tipo «1 - 2 - 3», al proceso por el que estás pasando en este momento, no te estaría haciendo ningún favor (y en realidad no sé de qué estarían hablando). Porque el dolor nos abruma, nos ahoga con ciclos imprevisibles, confusos, turbulentos e irracionales de emociones intensas. Está plagado de pensamientos invasivos y perturbadores que no pasan por nuestra mente siquiera cuando vivimos días de sol y felicidad.

Nos cambia el humor y nos enojamos con facilidad.

Sentimos culpa por cosas triviales.

No estamos seguras de nada.

Amamos y odiamos al mismo tiempo.

Queremos estar a solas y sin embargo, buscamos las conexiones y la cercanía de otros.

Pasamos de la desesperanza y resignación al desafío valiente en un abrir y cerrar de ojos.

El duelo, la pena y el dolor hacen que pasemos por contradicciones enormes. En mi experiencia personal, y la de muchas personas que conozco, este proceso no tiene ni por asomo una pizca de orden. No es una receta. Por el contrario, el dolor que nos estruja el corazón es confuso y por lo general los sentimientos van y vienen sin un orden lógico. Nuestras emociones se mezclan al azar. En la mayoría de los casos salen a la superficie reiteradas veces y con mayor frecuencia de lo que querríamos.

Dios nos creó de modo que nuestro dolor sirva a un propósito. Puede darnos información importante sobre nuestros valores, creencias y sobre nosotros mismos si nos tomamos el tiempo de sintonizar y escuchar. Nuestros sentimientos son un don de Dios para impulsarnos hacia adelante en el proceso de sanidad. No hay un orden estricto para el proceso, pero sí puede observarse algo así como un patrón de reacciones. La negación es lo que aparece primero, aunque resurge una y otra vez a medida que sentimos que nuestro dolor nos empuja más cerca del borde del abismo de la desesperanza.

El don de la negación

Es típico. Respondemos ante la gran pérdida y desilusión con un mecanismo de defensa llamado negación. Fue esta mi respuesta inmediata a la carta de Susie. Al leer la noticia sobre su precioso hijo dije al instante: «¡No! No puede estar pasando esto». Levanté enseguida todo mi arsenal defensivo.

La negación es una de las capacidades que Dios nos dio para ayudarnos a comprar tiempo y así poder encontrar la fuerza interior y los recursos externos que nos hacen falta para sobrellevar el dolor. Nos permite no tener que enfrentar la dolorosa realidad toda de golpe. Es un don que nos ayuda a atravesar ese momento duro de separación de la persona u objeto que hayamos perdido. Nos ayuda a encontrar nuestro ritmo a modo de manejar nuestro dolor poco a poco a lo largo del tiempo.

Es solo cuando enfrentamos la verdad que podemos dejar ir la negación que se ha apoderado de nuestra mente. A medida que aumenta nuestra conciencia de la pérdida, también crece nuestro dolor. Enfrentar los hechos puede ser en extremo difícil. Y rodamos como pelotas de aquí para allá entre la realidad de lo sucedido y la negación total.

Recuerdo haber rebotado entre un extremo y el otro cuando el auto de nuestra hija de dieciséis años fue chocado por un camión de dieciocho ruedas en el medio de la autopista. Mi mente no podía absorber todos los datos al mismo tiempo.

Jamás olvidaré la noche en que mi esposo y yo nos sentamos con el médico, quien nos explicó los resultados de los análisis y pruebas que se le hicieron a nuestra hija después del accidente. Durante la conversación mi mente iba y venía. Oía lo que decía el médico, pero luego ya no, y solo me oía a mí misma diciendo: *no puedo creer que esto esté sucediendo.*

Así es como funciona la negación, a favor de nosotros. Porque nos protege del torrente de la amarga verdad y nos permite tragar de a sorbos sin ahogarnos. En realidad, *un poco de negación es algo bueno cuando sufrimos.*

Sin embargo, el exceso de lo bueno no nos hace bien. La negación continua puede impedir el proceso del duelo y atrapar a la persona en su dolor. Recuerdo a Lori, una mujer de cuarenta y seis años que me contó acerca de Matthew, el bebé que catorce años antes había dado a luz y que nació muerto.

«Ya pasó», le decía su familia. «Olvídalo. No hables de eso. Tenemos que seguir».

Eso fue exactamente lo que hizo. Siguió adelante, manteniéndose ocupada y haciendo cosas para no dar respiro a su mente.

Sí, claro que avanzó.

Pero no de verdad.

Porque no avanzó emocionalmente.

Su corazón estaba atascado en un incidente sucedido hacía ya mucho tiempo. Estaba congelada en el tiempo, atascada en el dolor.

El nombre Matthew no se había pronunciado siquiera desde el día en que Lori salió del hospital. No había habido funeral, ni servicio memorial, ni fotografías, ni conversaciones sobre esto. Lori y su familia hicieron como si el incidente no hubiera ocurrido nunca. Las tarjetas que enviaban los amigos iban directo al fuego sin abrir. La familia pensaba que al borrar la evidencia borrarían el dolor.

No fue así. No podía ser así.

Entonces Lori se encontró con catorce años de dolor reprimido y acumulado dentro de sí. Y de la misma manera había manejado todas sus demás pérdidas. No era de extrañar que sufriera de depresión. Ni tampoco que pareciera a punto de estallar. *El corazón humano no fue creado para enterrar los sentimientos que todavía están vivos.*

Cuando Lori vino verme, encontró coraje para reconocer y enfrentar la realidad por primera vez en catorce años. A puertas cerradas se dio permiso para reconocer su pérdida y hablar de ello. Fue un paso esencial en su proceso de sanidad. Porque rompió con la negación y así rompió la fuerza del dolor. Como escribió Margaret Lee Runbeck: «No hay poder sobre la tierra más formidable que la verdad».

Ansiedad

Cuando sufrimos una pérdida nos vemos obligados a vivir un cambio y no podemos hacer nada al respecto. Nada sigue igual. Los sueños quedan hechos añicos y de alguna manera tenemos que encontrar cómo seguir adelante.

Al oír que nuestro hijo tenía síndrome de Down y problemas cardíacos John y yo nos vimos dramáticamente obligados a cambiar nuestras vidas. Los sueños que teníamos para el futuro se desvanecieron como la niebla se esfuma en la mañana. Cuando se nos imponen cambios en lugar de que podamos elegirlos o decidir, la respuesta natural es la ansiedad.

Sin embargo, hasta la ansiedad tiene un propósito positivo. Nos impulsa a actuar.

La ansiedad que viví después del catastrófico nacimiento de Nathan me dio energías para pedir licencia en el trabajo, al que finalmente renuncié. Y aunque estos fueron cambios difíciles, eran también saludables y necesarios para estabilizar nuestra familia. Nuestra ansiedad respecto a los problemas cardíacos de Nathan nos impulsó a buscar apoyo en la oración, a investigar qué opciones teníamos y a asegurar que tuviéramos el mejor servicio médico posible. Cuando sentimos que ya no teníamos combustible emocional para seguir, la ansiedad nos empujó para que actuáramos.

Es que la ansiedad funciona como un detector de humo. Nos advierte que algo serio requiere de nuestra atención. Nos alerta que están sucediendo cosas que escapan a nuestro control. Sin embargo, cuando la ansiedad se ve disparada de súbito por una sensación de abandono, llegamos a una conclusión errónea: «La gente, o Dios, me han abandonado».

No importa si este abandono es real o si lo percibimos nada más. La respuesta de ansiedad es la misma. La ansiedad también se dispara por la extrema sensación de vulnerabilidad que emerge después de una pérdida. No pedimos esta pérdida, pero llegó igual. Nos encontramos asaltados por la idea de: «Si no pude decidir en esto, ¿podré en otras cosas?».

Aunque la ansiedad es un sentimiento desagradable también puede ser una fuerza que nos impulsa en el proceso de sanidad. Porque nos presiona para que enfrentemos la horrenda realidad de nuestras heridas y sueños perdidos. La ansiedad de estar a solas en nuestra dificultad nos da energías para salir a buscar ayuda, aun cuando el aislamiento parece más fácil. Nos arriesgamos a apegarnos a personas y sueños nuevos porque no hacerlo nos asusta todavía más. El miedo a sentirnos *tan frágiles* durante el resto de nuestras vidas nos obliga a formular las preguntas difíciles y a buscar a Dios. No impulsa a buscar significado, propósito, nuevo rumbo y determinación. En este sentido la ansiedad no es algo malo, sino funcional.

Pero al igual que en el caso de la negación, el exceso de algo bueno puede convertirse en problema. En un capítulo posterior sugeriremos formas de mantener a raya la ansiedad para que funcione a favor de ti y no en contra.

> ### Cómo ayudarme durante mi dolor
>
> *No me evites.*
> *Comprende que necesito estar a solas de vez en cuando.*
> *Por favor no me des consejos.*
> *No te hagas cargo de mis cosas.*
> *Necesito hacer ciertas cosas por mis propios medios.*
> *Dame tiempo. No esperes demasiado, muy pronto.*
> *Recuerda a mi ser amado junto conmigo.*
> *No intentes arreglarme.*
> *Acepta mi silencio. Escucha mi historia.*

55

Culpa

No mucho después de que naciera Nathan, se dio la siguiente conversación en el club de deportes mientras John hacía sus ejercicios de rutina.

—Y... ¿tuvieron el bebé ya?

—Sí —asintió John sin ganas de hablar.

—¡Genial! ¿Es varón o niña?

—Es un varón.

El hombre tiene que haber notado que John no estaba de ánimo ni jovial como siempre, porque entonces preguntó:

—Entonces... ¿hay algo mal?

—Sí. Tiene síndrome de Down y problemas cardíacos.

—Bueno. ¿Se habían hecho análisis antes de que naciera?

—No. Nada indicaba que algo pudiera estar mal.

Sacudiendo la cabeza y casi murmurando, dijo:

—Seguro se podría haber hecho algo para evitar esto...

Siguió con su rutina y se alejó para buscar un par de pesas más. Fin de la conversación.

La crítica resonó con fuerza y claridad:

«No debieras haber permitido que pasara esto. Tiene que haber habido algo que pudieras hacer para evitarlo».

El hombre acababa de tirar una granada a un padre ya herido, y luego siguió con su rutina como si nada.

Es fácil decirnos a nosotros mismos este tipo de mensajes cuando estamos heridos. Nos sentimos responsables, convencidos de que en cierto modo lo que sufrimos es por culpa nuestra. Con seguridad algo hicimos para que sucediera.

En nuestro esfuerzo por encontrarle sentido a nuestras heridas, de forma errónea podemos llegar a la conclusión de que Dios nos está castigando por algo malo que hicimos o hacemos. Si pasamos por la vida creyendo que Dios bendice a los buenos con cosas buenas y luego nos sucede algo malo, suponemos que fuimos malos. Echar culpas a algo o alguien, así seamos nosotros mismos, nos da la sensación de que tenemos cierto control. Sin embargo, este pensamiento es erróneo y refleja nuestros fútiles intentos por entender y explicar lo que no tiene explicación de este lado del cielo.

Cuando sufrimos una pérdida, todo aquello que creímos en cuanto a nuestra capacidad para influir en la vida y controlar nuestro destino cae frente a un desafío. Porque nuestras prolijas categorías de lo que está bien y lo que está mal, sobre las causas y efectos, quedan patas arriba. ¿Para qué vivir una vida ética, moral, cumpliendo la ley, si el tipo que conducía el camión de dieciocho ruedas que arrolló a mi hija miente descaradamente con tal de evitar hacerse cargo de los gastos que causó? Nuestro sentido de la justicia brota desde adentro, y grita: «¡Esto no está bien!». La naturaleza humana nos lleva a querer restablecer el orden y encontrar al culpable en alguna parte.

Yo suelo pensar que la culpa es como una bandera roja. Porque puede ser una clave para examinar lo que nos decimos a nosotros mismos sobre la causa de nuestro dolor y la responsabilidad que sentimos por lo que sucedió.

Si el dolor está más allá de nuestro control, no tenemos responsabilidad alguna. Toda falsa culpa que nos echemos está de más y causa sufrimiento innecesario.

Déjala ir.

La falsa culpa no hará más que minar la energía emocional que te hace falta para sanar, y te impedirá avanzar. Comprende que cuando intentas hacerte cargo de algo que escapa a tu control, estás intentando de manera equivocada restablecer un sentido del control en tu vida. Veremos más tarde algunos recursos que pueden impedir que emprendas este viaje por la ruta equivocada de la culpa. Por ahora, veamos la culpa como un sentimiento que puede impulsarnos a explorar nuestras perspectivas sobre las causas y efectos.

La culpa también es una emoción saludable que puede llevarnos a hincar la rodilla y recibir con humildad el perdón de Dios. La pasión de Cristo por perdonar nuestras culpas le llevó a entregar su vida:

Ciertamente él cargó con nuestras enfermedades y soportó nuestros dolores, pero nosotros lo considerábamos herido, golpeado por Dios, y humillado. Él fue traspasado por nuestras rebeliones, y molido por nuestras iniquidades; sobre él recayó el castigo, precio de nuestra paz, y gracias a sus heridas fuimos sanados. Todos andábamos perdidos, como ovejas; cada uno seguía su propio camino, pero el SEÑOR hizo recaer sobre él la iniquidad de todos nosotros (Isaías 53:4-6).

Si Jesús se encontrara contigo cara a cara en la seguridad de tu hogar, haría todo lo posible por calmarte y tranquilizarte. Imagino que te diría algo así como: «Sé de todas esas cosas que nunca le contaste a nadie. Yo estaba allí cuando cometiste esos errores... y cargué el castigo que te correspondía sobre mí. Conozco bien tus malas decisiones, y ya he pagado la pena. Tu deuda está cancelada. Sufrí y morí para que no tuvieras que cargar con el peso de tu vergüenza. Deja el bagaje de tus culpas al pie de mi cruz. Yo ya te perdoné. Aprende de lo que salió mal y sigue adelante. Permite que mis heridas cumplan con su propósito. Recibe mi don de perdón. Confíame tu corazón. Yo lo repararé parte por parte...»

Nada de lo que hayamos hecho tomó a Dios por sorpresa. Él lo ve todo, lo conoce todo. Y con plena conciencia y conocimiento de nuestras fallas y efectos, nos declara su compromiso de amarnos hasta que sanemos: «He visto sus caminos, pero lo sanaré; lo guiaré y lo colmaré de consuelo» (Isaías 57:18). Dios nos conoce mejor de lo que nos conocemos nosotros mismos. Puede identificar nuestras más profundas necesidades y ocuparse de ellas de manera que nos transforme aun en medio del más confuso torbellino.

Poco después de que naciera Nathan recuerdo haber intentado despejar mi confusión sobre las causas de su Síndrome de Down. Me sentía culpable por estar tan triste. Me sentía culpable por sentir ansiedad en torno a lo que pudiera depararnos el futuro.

Acudí a una amiga mía cuya hija de doce años también es discapacitada. Mi amiga Kay, sabia mujer, no me dio soluciones o recetas simples, ni trató de calmarme con frases hechas. En cambio, me señaló directamente las Escrituras. Me dijo que uno de los pasajes que más significado había tenido para su familia desde el nacimiento de Kara era Juan, capítulo 9. Ansiosa por encontrar respuestas, de inmediato busqué mi Biblia y leí:

> A su paso, Jesús vio a un hombre que era ciego de nacimiento. Y sus discípulos le preguntaron:
>
> —Rabí, para que este hombre haya nacido ciego, ¿quién pecó, él o sus padres?
>
> —Ni él pecó, ni sus padres —respondió Jesús—, sino que esto sucedió para que la obra de Dios se hiciera evidente en su vida. (Juan 9:1-3).

Dios me habló a través de esos versículos y me desafió a dejar de intentar «explicarlo todo». Estaba desperdiciando mi energía con esta búsqueda de una causa. Me formulaba las preguntas equivocadas. Dios quería que me concentrara en otra cosa. Quería que buscara con toda intención lo que Él podía hacer. Quería que experimentara su poder y provisión, su ternura y cuidado. Fue una perspectiva fresca que me quitó parte de la penuria, permitiéndome ver con un poco más de claridad. Las tenaces garras de las sombras empezaron a debilitarse.

Mitos sobre el dolor

Todos sufrimos de la misma manera.

Debes mantenerte ocupada y tratar de pensar en cosas agradables.

Es mejor no pensar en tu pérdida, ni hablar de lo que perdiste.

Una vez resuelto el dolor, ya no volverá a hacerte sufrir.

Si tienes gran fe, el dolor no es tan intenso.

Los niños sufren igual que los adultos.

Pena

«Siento como si estuviera parada al pie del Gran Cañón del Colorado, rodeada por inmensos muros de piedra», me dijo Susan. «No tengo idea de cómo salir de aquí, pero al menos sé que estoy parada sobre roca firme».

Susan es una joven vibrante que perdió a su esposo una semana antes de la Navidad. Él tenía treinta y tres años. Habían estado casados durante siete años y esperaban a su primer hijo.

Seis meses más tarde, el dolor sigue siendo el compañero constante de Susan. Todo en su hogar le recuerda a Tim. No pasa ni una hora en que no piense en los momentos que pasaron juntos y los sueños que compartían para su futuro. Se pregunta si alguna vez se secarán sus lágrimas, y hay momentos en que no puede soportar la vida.

El dolor profundo puede ser aterrador.

Los padres que han perdido un hijo me dicen que sienten que perderán el juicio y quedarán locos. Recuerdo momentos de mi propio duelo en que me preguntaba si habría algo malo en mí porque no parecía ser capaz de salir de ese agujero negro, al parecer sin fondo. Conocí a otras personas que habían sufrido pérdidas terribles, pero que parecían «estar sobrellevándolo mejor». ¿Qué pasaba conmigo? ¿Por qué me llevaba tanto tiempo levantarme?

La pena habla. ¿Has oído su voz?

Le dice al herido: «Sé realista. Las cosas nunca mejorarán. Quedaste estropeado de por vida. Nada cambiará. No importa lo que hagas. Los buenos tiempos han quedado en el pasado... para siempre».

A tientas avanzamos en medio de la oscuridad, y el dolor nos convence de que no hay esperanza, no hay nada que hacer.

Es la voz del dolor.

Es la voz de las emociones al borde del abismo.

No es la verdad.

La verdad es que Dios está con nosotros, y que Él jamás se muestra pasivo ante nuestro dolor. Por el contrario, obra activamente por nuestro bien. Tiene toda la intención y su estrategia tiene rumbo cierto. Se mueve detrás de escena, arreglando detalles y sucesos de manera imperceptible para el ojo humano. Está moldeando. Creando. Nos está cambiando, reconstruyendo, restaurando. Con el tiempo los negros nubarrones se irán y podremos ver con mayor claridad. Así como llega el dolor, también se va.

Mientras tanto hay algunas lecciones que tenemos que aprender, aun en medio de la oscuridad. Hay tesoros que descubrir. Si evitamos el dolor o buscamos vías de escape rodeando el valle de las sombras, perderemos porque estaremos renunciando a riquezas increíbles que son parte de un plan celestial. Dios dice: «Te daré los tesoros de las tinieblas, y las riquezas guardadas en lugares secretos, para que sepas que yo soy el SEÑOR, el Dios de Israel, que te llama por tu nombre» (Isaías 45:3).

Tesoros ocultos... riquezas secretas... en medio de la oscuridad.

Algunos de los más grandes y ricos descubrimientos de mi vida llegaron en momentos de aplastante dolor. Las riquezas no eran materiales. Eran espirituales. Tesoros de otra dimensión. En las noches más oscuras, Él con su gracia me dio ojos de fe, una visión nocturna que me permitió ver y entender lo que para mí no había sido perceptible. Me reveló esferas de mi vida que tenían que cambiar, siempre asegurándome que me daría los recursos que necesitara.

Recuerdo una noche, unos seis meses después del accidente de Jessie, en que se sentía muy mareada, con náuseas y un terrible dolor de cabeza. Yo estaba ya cansada a causa del dolor de ver a mi hija sufrir mes tras mes sin cambio aparente. Estaba terminando la escuela secundaria y me acosaban los «¿qué pasará si?».

¿Qué pasará si no mejora? ¿Qué pasará si nadie puede ayudarla? ¿Qué pasará si no llega a graduarse?

Mi cabeza daba vueltas y vueltas, siempre alrededor de lo peor que podría pasar. Esa noche me metí en la cama y lloré hasta dormirme.

Como a las tres de la mañana desperté. Fue extraño pero lo primero que pensé fue en un sueño que había tenido el verano anterior a su ingreso a la escuela secundaria. *Qué raro.* Por lo general no recuerdo lo que sueño, pero en este caso era diferente. Porque era tan vívido que me levanté y lo anoté en mi diario personal.

En el sueño veía a Jessie con su toga y birrete en la ceremonia de graduación. Se veía feliz y le hablaba al público. Lo que oí en mi corazón me intrigó: *«Estará bien. Será una pelea, y yo pelearé por ti».*

Las palabras sonaban conocidas. Las había memorizado años antes cuando estudiaba la vida de Moisés. La nación de Israel iba en Éxodo masivo saliendo de Egipto, pero todo parecía estar saliendo mal. El Mar Rojo estaba delante y los guerreros egipcios se acercaban por detrás. Los israelitas clamaron a Dios, desesperados y llenos de pánico. Desde el terreno más elevado Moisés silenció a la multitud y dijo con coraje: «No tengan miedo [...] Mantengan sus posiciones, que hoy mismo serán testigos de la salvación que el SEÑOR realizará en favor de ustedes [...] quédense quietos, que el SEÑOR presentará batalla por ustedes» (Éxodo 14:13-14).

En ese momento creí que el sueño vendría del Señor. Pero solamente suponía que Dios me estaba mostrando que habría desafíos adolescentes en el camino. Quería asegurarme que estaría con nosotros en medio de las dificultades, peleando por nosotros.

No podría haber imaginado aquello para lo que Dios me estaba preparando.

Nunca imaginé que la historia se desarrollaría de este modo.

Jessie era una estudiante excelente. Siempre obtenía las mejores calificaciones. Jamás se me cruzó por la mente, ni siquiera por un instante, la idea de que no tuviera potencial como para graduarse.

Sin embargo, Dios lo sabía. Me despertó una noche triste para recordarme un sueño anterior, y recalcó las palabras de su promesa: «*Estará bien. Será una pelea y yo pelearé por ti*».

Sus palabras se convirtieron en un tesoro dentro de mi oscuridad. Una pepita de oro a la que me aferré durante el último año de su escuela secundaria.

Llegó el día de la graduación. Al salir hacia el salón de actos, me dijo: «¡Trae la videocámara, mamá! Estoy en una pequeña obra en la apertura y el cierre de la ceremonia».

Jessie cruzó el escenario con el resto de su clase, y sus familiares y amigos aplaudieron y vitorearon desde las gradas.

Me costó mirar por la lente de la cámara ese día. Las lágrimas empañaban mi visión, mientras observaba el sueño que había tenido cuatro años antes y que hoy era realidad. Allí estaba ella, sobre el escenario, hablándole al público. Dios la había traído hasta aquí.

El dolor duele pero no nos daña. Porque hace que vayamos más lento para darnos la oportunidad de pensar en serio en nuestras prioridades. Destruye nuestros superficiales objetivos, nuestros intereses egoístas, y reconfigura nuestra perspectiva de la realidad. Descubrimos que el confiar en nuestra fuerza interior y en los esfuerzos bien intencionados de los demás no alcanza para recorrer los silenciosos pasillos del sufrimiento.

El dolor nos empuja a lugares profundos y oscuros, en los que solo Dios puede llegar a alcanzarnos. Cuando le abrimos nuestros corazones, nos asiste para que nos separemos de los sueños rotos. Como lo hizo con el ciego camino a Jericó, con su gracia nos toca los ojos y nos permite ver aquello que no veíamos antes. Nos toma de la mano y nos guía hacia los tesoros que solo pueden testimoniarse con los ojos de la fe. De pie en nuestro futuro, nos llama para que avancemos diciéndonos que persistamos y sigamos adelante.

A lo largo del camino llegamos a conocer su mano gentil. Sabemos que Él conoce nuestro dolor. Le experimentamos como el Dios que venda y sana nuestras heridas.

En este momento y para siempre.

1. Cuando piensas en tu pasado, ¿qué pérdida en tu infancia fue la más dolorosa? ¿Qué fue lo que te ayudó a seguir adelante? ¿Qué aprendiste de este momento oscuro?

2. ¿Cuál era la regla de tu familia en cuanto al dolor? (Ej.: no hacerle caso, ocultarlo, enmascararlo o expresarlo.) ¿De qué modo te afecta eso hoy?

3. ¿Cuáles de los «Mitos sobre el Duelo», de la página 60, te sientes tentada a seguir?

4. Comienza el proceso de dejar ir tu dolor sentándote a anotar tus pérdidas más dolorosas, y luego considera alguna de estas opciones: quema el papel, rómpelo en pedacitos o envuelve con él una piedra y échalo a un lago, un río o al mar.

Rostros ocultos

[Steve]

Estas emociones —la culpa y la vergüenza—
nos guían hacia lo mejor de nosotros.

WILLARD GAYLIN

espero que nadie lo descubra jamás.

—¿A qué le temes? —pregunté.

—Me odiarían —dijo Allison con triste resignación—. Me rechazarían. Pensarían que soy la peor perdedora de todos los tiempos.

Su dolor y miedo invadían la sala. Quería alentarla, afirmarla. Quería quitarle su dolor, pero lo único que pude decir fue:

—¿Y qué pasaría si te perdonaran?

—¿Qué pasaría si *no lo hicieran*? —replicó enseguida.

—¿Qué si te perdonas a ti misma?

—No sé si puedo.

Permaneció en silencio, reflexionando. Tenía los ojos llenos de lágrimas que se negaban a rodar por sus mejillas. «Es que es algo tan grande. Ojalá pudiera volver atrás y empezar de nuevo».

He tenido esta conversación cientos de veces con cientos de mujeres sobre cientos de heridas causadas por cosas diversas: un aborto, una violación, la deserción escolar, el abandono de un esposo, el suicidio de una amiga o un trastorno alimentario que hace estragos.

Todos tenemos pecados, secretos y cosas que hemos hecho y nos dan vergüenza. Son heridas que ocultamos con toda intención bajo ropa linda, sonrisas amplias, trabajo duro, buenas acciones o lo que sea que nos evite revelarlas.

Nuestras heridas nos hacen ser hipersensibles a la culpa y a la vergüenza. Casi todos ocultamos nuestro dolor. No queremos que los demás vean nuestras fallas o quebranto. Queremos que nos amen y nos acepten. Todos soñamos con ser saludables.

Una de las historias de Jesús me conmueve muchísimo. Trata de una mujer, de la que no dan el nombre, a la que descubrió en su culpa y vergüenza.

Era temprano por la mañana, antes de que todos salieran a cumplir con sus trabajos. Jesús había estado enseñando sobre el agua que da vida durante los últimos días, diciendo: «Vengan a mí los que tienen sed». Se había reunido una multitud para oír más, con gargantas secas que anhelaban esperanza.

De repente hay un disturbio, con gritos y pelea. Una mujer aterrorizada y casi desnuda está siendo arrastrada por la calle empedrada. Se trata de un grupo de hombres fuertes, con rostros severos, que la empujan hasta que la mujer cae al suelo ante la multitud curiosa. Ella tiembla y se cubre el rostro. Está llorando. Tiene el cabello despeinado y le sangran los pies. Su ropa está hecha jirones. Trata de cubrir su desnudez, pero no puede ocultar su culpa y vergüenza.

Uno de los hombres, el de mayor autoridad parece, grita acusándola: «La hemos atrapado cometiendo adulterio».

La hemos atrapado: «Te encontramos con las manos en la masa».

Cometiendo: «¡No podrás escapar!»

Adulterio: «¿Cómo te atreves? ¿En qué pensabas?»

Los hombres recogieron piedras del suelo, piedras grandes, puntiagudas. Sostenían las piedras en sus puños dispuestos a arrojárselas apenas oyeran la orden. Sabían qué hacer. Porque apedrear a alguien era algo conocido y fácil de hacer.

Jesús, sin embargo, no tomó su piedra. Inexplicablemente, se inclinó y comenzó a escribir en el polvo del suelo con su dedo. Nadie sabía qué estaba escribiendo, excepto quienes rodeaban a la mujer herida.

Algunos piensan que escribió algo como «Perdonen, y se les perdonará» (Lucas 6:37). Otros piensan que escribió frente a cada hombre un ejemplo personal de su culpa o vergüenza secreta: *holgazanería, orgullo, codicia, abuso, deshonestidad, adicción, hipocresía*. Sea lo que fuere que haya escrito Jesús, tuvo su impacto. Levantó la mirada y dijo: «Aquel de ustedes que esté libre de pecado, que tire la primera piedra» (Juan 8:7).

Quedaron boquiabiertos.

Soltaron las piedras.

Los pies calzados con sandalias, fueron alejándose uno a uno.

Se hizo silencio.

Con voz suave Jesús preguntó:

—Mujer, ¿dónde están? ¿Ya nadie te condena?

Ella miró los ojos oscuros, llenos de compasión y misericordia.

—Nadie, Señor.

—Tampoco yo te condeno. Ahora vete, y no vuelvas a pecar.

La mujer se puso de pie, lentamente y sintiendo una mezcla de alivio y asombro. Su culpa había sido perdonada, su vergüenza lavada. Sus heridas habían sanado. Había sido liberada. Ahora estaba frente al mayor desafío de todos. Tendría que vivir de ese modo.

Todos somos como esta mujer, de una forma u otra. Quizá nuestra culpa y vergüenza son asunto privado. Conocemos nuestras fallas y errores temiendo lo que podría pasar si alguien los descubriera. O quizá alguien los descubrió y sentimos pánico y vulnerabilidad por lo que salió a la luz. Vemos que la multitud nos rodea con piedras en las manos. Algunos sentimos ya el dolor de la piedra puntiaguda que nos arrojó un familiar o amigo, o quizá un extraño.

Es probable también que hayamos visto la gracia de Dios al oír: «Estás perdonado». Tal vez hayamos sentido la compasión tierna, el aliento y apoyo de otras personas. Hemos vivido la libertad de esa otra mujer herida que cayó ante los pies de Jesús y «le confesó toda la verdad». Jesús la miró y dijo: «Vete en paz y queda sana de tu aflicción» (Marcos 5:33-34). Esta es la esperanza para todos los que hemos conocido el dolor de haber sido heridos.

Tenemos que estar en guardia para impedir que nuestras heridas se infecten a causa de la culpa y la vergüenza. Estas dos intensas emociones son parientes cercanas y a veces se superponen. Sin embargo son muy diferentes. Por separado, o combinadas, forman un potente ácido que corroe nuestra paz y contentamiento. Pueden crear gran dolor, desfigurando o destruyendo nuestros planes y sueños.

Aun así, hasta el ácido tiene un propósito.

A veces hace falta para carcomer las actitudes duras y dañinas, los corazones que no se conmueven.

Nuestras heridas pueden causar sentimientos de culpa. Y esa culpa, si no la enfrentamos, puede causar vergüenza. La culpa nos dice que hemos pensado, dicho o hecho algo que está mal. Como resultado creemos merecer algún tipo de castigo. La vergüenza directamente nos dice que somos malos. Sintiendo rechazo o castigo nos retraemos, esperando que las cosas no empeoren. Pero al retirarnos y retraernos, quedamos atrapados en nuestra culpa y vergüenza.

Culpa

Todos somos culpables.

Vamos a ocuparnos de esto desde el principio.

La Biblia nos dice que «todos han pecado y están privados de la gloria de Dios» (Romanos 3:23).

Cada uno de nosotros ha pensado, dicho o hecho cosas que luego lamentamos. Una niña de siete años les dijo a sus padres que tenía que ver al Dr. Steve. Le preguntaron por qué, y lo único que contestó fue: «Algo está mal, pero solo puedo contárselo al Dr. Steve». Durante dos semanas, todos los días insistió en que tenía que ver al Dr. Steve.

Al fin los padres la trajeron a verme y la niña me contó lo que la preocupaba tanto:

«Mi cerebro se rompió», me dijo muy seria. «Ya sabes, eso que tenemos en la cabeza, que hace que lo que piensas no lo

digas. Bueno, el mío no funciona. Cada vez que pienso algo malo, lo digo. Y después me siento muy mal porque no quiero lastimar a las personas».

Quizá todos tengamos el cerebro descompuesto.

Cuando mi hijo Dusty tenía nueve años le pregunté si alguna vez había mentido. Si dudarlo me miró a los ojos y dijo: «Sí, porque "todos han pecado y están privados de la gloria de Dios"». Luego, pensó durante un minuto y dijo: «Papá, ¿sabes por qué ese versículo es tan bueno?». Negué con la cabeza. «Porque lo puedes usar cada vez que estás en problemas. Y yo lo uso casi todos los días».

La culpa forma parte del ser humano. Es el reconocimiento de nuestro quebranto y debilidad. Nos recuerda que todos estamos heridos.

La culpa es algo bueno. Como la luz de advertencia en el tablero del auto, nos advierte que algo anda mal. (¡Y que hay que consultar a nuestro Fabricante!)

Nos avisa cuando hicimos algo que lastimó a otros, a nosotros mismos o a Dios. Es la señal de que violamos nuestro sistema de valores y que tenemos que cambiar nuestra conducta. La culpa proviene de una conciencia sana. *Deberíamos* sentir culpa si mentimos, engañamos o robamos.

Kylie era brillante y sabía expresarse bien, pero había algo en ella que me preocupaba: no sentía culpa. Nunca. Me dijo que amaba a su esposo y que este era un buen hombre, pero que ella dormía con su mejor amigo. Hacía ya dos años que estaba sucediendo esto, y ella había creado una elaborada red de mentiras para protegerse e impedir que su esposo la descubriera. Me preocupaba su aventura amorosa, pero más me preocupaba su falta de culpa y sus justificaciones tan retorcidas.

«A veces, las cosas pasan así porque sí».

«No pude evitarlo».

«Para él es mejor no enterarse».

«No estoy haciendo daño a nadie».

«No es mi culpa que mi esposo no pueda entender».

«Algunas mujeres no podemos ser fieles a un solo hombre».

Kylie me asusta.

Piensa en esto. Como no siente culpa, es capaz de *cualquier cosa*. Nada la detiene, no hay señales en el camino que le hagan aminorar la marcha, ni barandillas que la mantengan en el buen camino. Puede salirse de control y ni siquiera notarlo... y no le importará.

Los extremos no suelen ser saludables. La culpa excesiva, así como la ausencia de culpa, puede llevarnos por un camino peligroso. Conozco mujeres que sienten culpa por todo, desde haber sido víctimas de acoso sexual, a ser «demasiado emocionales».

Vivimos en un mundo de «deberes», y si no cumplimos con nuestra lista de deberes, con frecuencia nos sentimos culpables. Sin embargo, la pregunta real aquí es: «¿Son realistas, saludables y hasta posibles todos nuestros "deberes"?».

La palabra «deber» viene del latín: debere. Y su definición incluye dos acepciones: 1. Estar obligado a algo por la ley divina, natural o positiva. 2. Tener una deuda material con alguien. (Diccionario de la Real Academia Española). Muchas veces sentimos que tenemos que hacer algo, que adeudamos, y nos reprendemos por no ser perfectos o no lograr que quienes nos rodean sean felices. Pero nadie es perfecto, así que es hora de que ya dejemos de reprendernos.

Los «deberes» más comunes

Debo ser amable, paciente, amoroso y dar aliento a todos en toda situación.

Debo evitar los errores.

No debo olvidar.

Debo mostrarme siempre positivo, contento, con buena actitud.

Debo encontrar rápidamente la solución a todo problema.

No debo enojarme, perder los estribos o sentir frustración.

No debo lastimar a nadie.

Debo estar siempre preparado para lo que sea.

Debo ser un ejemplo positivo en todo lo que haga y diga.

No debo agotarme ni enfermarme.

Debo ser capaz de lidiar con cualquier dificultad o trauma sin perder la compostura.

No debo dejar que los demás me desilusionen o desalienten.

No debo permitir que mis sentimientos me controlen.

Debo ser perfecto siempre.

La culpa saludable nos mantiene en contacto con la realidad. Nos recuerda lo que es destructivo para nosotros y para quienes nos rodean. La culpa tóxica nos hace concentrar la mente en nuestras heridas, y entonces las rascamos, quitamos la costra, las tocamos y apretamos, sin dejar que sanen. La culpa tóxica empeora la herida. La culpa sana nos impulsa hacia la sanidad.

Corrie ten Boom escribió: «El propósito de sentir culpa es el de acercarnos a Jesús. Una vez allí, la culpa ya no tiene propósito».

La culpa saludable busca perdón y libertad. Anhela un nuevo comienzo, no a través de la negación o de restarle importancia, sino por medio del arrepentimiento y la reparación.

El rey David escribió: «Mis maldades me abruman [...] mis llagas hieden y supuran [...] Voy a confesar mi iniquidad, pues mi pecado me angustia» (Salmo 38:4,5,18).

Sin embargo, se negó a que esto le convirtiera en un hombre amargado. Clamó: «Señor de mi salvación, ¡ven pronto en mi ayuda!» (v. 22).

Dale la espalda a la culpa tóxica. Y entrega tu culpa saludable a Dios.

Vergüenza

La culpa no resuelta a menudo termina convertida en vergüenza.

Cuando Brook tenía veintiún años, su esposo la dejó dos meses después de una linda y elegante boda en la iglesia. No le dio razones. Se fue y pidió el divorcio. Brook creía haber hecho algo malo. Después de todo, un hombre exitoso y brillante no la habría dejado si hubiera sido buena esposa.

Varios años más tarde se mudó a otro lugar y volvió a casarse. Nadie conocía su secreto, excepto su nuevo esposo. Cuando vino un viejo amigo de visita y le preguntó por su ex marido durante una cena, Brook se sintió muy mortificada. Se sonrojó y sintió mucha vergüenza, al punto de tener que salir de la sala. A solas con su esposo, ocultó su rostro y dijo que jamás podría volver a enfrentar a sus amigos.

La vergüenza mantiene la cabeza gacha. Cree que si otros ven nuestras heridas ya no querrán saber nada con nosotros. La vergüenza nos dice que nuestras heridas nos convierten en inaceptables, indignos. Sandra Wilson escribe que «la vergüenza es la potente sensación de que somos desesperada e individualmente distintos e inferiores a los demás seres humanos». Dice que si tenemos fallas, cicatrices o limitaciones, entonces no hay nada que hacer. Nos relega al montón de la basura con mensajes como: «No sirves», o «No eres lo suficientemente bueno». Y nosotros interiorizamos estos mensajes, con lo cual la vergüenza cría más vergüenza.

La vergüenza nos dice	Dios nos responde
Estoy dañado.	Yo te sanaré.
Estoy sucio.	Yo te lavaré y quedarás más blanco que la nieve.
Soy incompetente.	Te enseñaré lo que te haga falta saber.
Soy estúpido.	Te llenaré de sabiduría.
Soy indeseado.	Yo te hice.
Soy débil.	En tu debilidad te hago fuerte.
No tengo esperanza.	Te daré esperanza.
Nadie podrá amarme.	Yo entregué a mi Hijo para que muriera por ti.
No soy nada.	Eres uno de mis hijos.
No valgo nada.	Eres precioso.

La vergüenza suele magnificar y exagerar nuestras heridas. Generaliza, porque a partir de heridas específicas, proclama que todo nuestro ser está herido. Nos convertimos en víctimas, nada más que víctimas. La vergüenza insiste en que nuestras heridas ahora definen cada uno de los aspectos de nuestra identidad. No podemos ser más que nuestras heridas, y cuando la gente nos ve, eso es todo lo que verán. Este es un pensamiento paranoico. Porque si a la vergüenza le quitamos su exageración, quedarán cinco verdades básicas que definen la vergüenza. La vergüenza es:

- Un síntoma de que algo anda mal.

- El reconocimiento de nuestras limitaciones

- El recordatorio de que tenemos fallas

- La defensa contra el orgullo

- La oportunidad de entender mejor nuestras heridas

Estas perspectivas permiten que nuestra vergüenza sea redentora y no destructiva. La gracia de Dios es la cura suprema para la vergüenza que debilita, porque le quita las dos cosas que más poder le dan: el rechazo y el abandono.

La gracia de Dios nos envuelve en amor y aceptación incondicionales.

Entonces, ¿qué hacemos ahora?

No importa qué tan doloroso sea algo, tendremos que enfrentarlo. No tener presente una herida no hará que desaparezca. Robert C. Larson escribió: «Los fantasmas hostiles del pasado quizá nunca desaparezcan del todo. Pueden volver para acechar en cualquier momento. La clave está en enfrentar a estas apariciones de frente y con decisión...»

Mira a tus heridas directo a los ojos, recordando las situaciones, experimentando los sentimientos, la culpa y la vergüenza. En *Healing of Memories*, David Seamonds escribe: «Cuanto más intentamos alejar los malos recuerdos, tanto más poderosos serán. Como no les permitimos entrar en nuestra mente por la puerta, entrarán en nuestra personalidad (cuerpo, mente y espíritu), disfrazados y buscando destruir».

Al no enfrentar nuestras heridas con coraje y determinación quizá estemos obligándolas a convertirse en algo más negativo: culpa y vergüenza. Pero si elegimos enfrentarlas, podremos convertirlas en maestros y así la culpa y la vergüenza serán fuerzas positivas que nos hacen salir de la oscuridad en lugar de empujarnos hacia ella.

La gracia y el perdón son la cura para nuestra culpa más profunda. El primer paso es dejar de flagelarnos por lo que pasó y comenzar a perdonarnos a nosotros mismos. Quizá necesitamos perdonarnos por algo que hicimos o por algo que dejamos de hacer. A veces tenemos que perdonarnos por dejar que la falsa culpa nos torture y paralice. Si somos culpables de veras, tenemos que pasar por lo siguiente:

- *Arrepentimiento:* Admitir ante nosotros mismos y ante quienes se vieron afectados que hemos pensado, dicho o hecho algo que estaba mal.

- *Remordimiento:* Sentir pena genuina y sincera por cómo herimos a Dios, a otros o a nosotros mismos.

- *Restitución:* Actuar esforzándonos por hacer algo relacionado con lo que hicimos mal y que muestre que tomamos en serio nuestra falta.

- *Reparación:* Ir ante quienes herimos y pedir perdón para luego realizar los cambios específicos que nos ayuden a impedir que repitamos lo que hicimos mal.

Ahora... libera tu culpa y como le dijo Jesús a la mujer atrapada en su vergüenza: «Ve y no vuelvas a pecar».

El perdón nos permite dejar ir al pasado y tener una visión de un nuevo mañana. El perdón de los demás nos permite borrar nuestra vergüenza. En cada herida hay personas a quienes perdonar:

- La persona que nos hirió.

- Las personas que no nos protegieron.

- Las personas que profundizaron nuestras heridas.

- Las personas que no pudieron o no quisieron entender.

- Las personas que no nos ayudaron a sanar.

- Las personas que nos juzgaron.

Perdonar a otros nos aparta de nuestra culpa y vergüenza. Nos eleva por encima de nuestras heridas. Seguro habrá algunas personas que no merecen que las perdonemos, pero este no es el tema en cuestión. Sin perdón quedamos atrapados en la venganza o la persecución. El perdón nos da libertad, y la libertad nos permite usar nuestro dolor para mejorar y hacer cosas mejores por los demás.

Al perdonarnos a nosotros mismos y a los demás, podemos con libertad abrazar el perdón de Dios. David clama: «Tú, Señor, eres bueno y perdonador» (Salmo 86:5). Lo único que necesitamos hacer es pedir con corazón sincero. Dios quiere lavar nuestra culpa y vergüenza. Las cicatrices que quedan serán cubiertas por su eterna gracia, tocadas por su significado divino. El dramaturgo Eugene O'Neill escribió: «El hombre nace quebrado. Vive gracias a la reparación. La gracia es el pegamento».

1. ¿Cuáles de los «deberes» más comunes, de la página 74, te has dicho a ti misma en esta última semana?

2. ¿De qué manera te agobian estos «deberes»? ¿Qué podrías decirte a ti misma, que fuera más realista?

3. ¿De qué modo te atrapan en tu dolor la amargura y la falta de perdón? ¿A quién necesitas perdonar para poder librarte del pasado y sentir la libertad para tu futuro?

4. ¿Qué notaste en Jesús en la historia de la mujer a la que atraparon cometiendo adulterio? ¿Sentiste gracia y perdón en tu relación con Él? Si no es así, quizá puedas tomarte un momento para conversar con Dios sobre lo que hay en tu corazón.

Enfrenta los temores, encuentra la paz

[Pam]

La vida venturosa no está exenta de miedo,
sino por el contrario, se vive con pleno conocimiento
de todo tipo de temores. Es una vida en la que
avanzamos a pesar de nuestros temores.

PAUL TOURNIER

«No oigo latidos, Pam. No parece haber movimiento fetal. Creo que el bebé está muerto».

Sin poder creer lo que oía, mis emociones se desbocaron y quedé empantanada en medio de ideas entremezcladas, con el corazón acelerado y casi sin aliento. No pude contener las lágrimas. Lloré mucho durante todo el día intentando soportar la terrible noticia. El viaje de nuestra vida había tomado un giro repentino y duro de transitar.

Habíamos esperado hasta que yo terminara la universidad para comenzar a formar nuestra familia. Este bebé era la respuesta a muchas oraciones. Me sentía en el cielo cuando vestía ropa de maternidad, y decoraba la habitación del bebé esperando su llegada.

El embarazo había avanzado sin problemas. Entré en el consultorio de mi médico para el chequeo de rutina del quinto mes, vistiendo orgullosa mi amplio vestido nuevo.

El doctor entró con una sonrisa. «Vamos a escuchar los latidos».

Era como la primera vez, todo era igual. Estaba tan emocionada que hasta parecía ridícula.

Pasaron unos minutos. El ultrasonido Doppler no detectaba nada. Observé con atención, esperando encontrar una clave para entender lo que pasaba. El rostro del médico no mostraba expresión alguna. La enfermera seguía allí, estoica junto a él. Empecé a sentir miedo y la confusión reemplazó a mi emoción inicial. La aprehensión me invadió como un nubarrón que oscurece el horizonte tapando la luz del sol. Me llevaron a otra sala, llena de equipos e instrumentos raros. Sentía que los brazos y las piernas me pesaban media tonelada cuando me subí a la camilla para que me examinaran.

Y allí estaba yo, sentada... azorada y helada del susto.

La enfermera utilizó el lector de ultrasonido para obtener una imagen clara. Y entonces llegó la desgarradora verdad.

En los meses posteriores casi ni lograba reconocerme. Mi acostumbrada visión optimista de la vida se había teñido del color de la ominosa angustia y aprehensión. Esta es una experiencia bastante común entre quienes han pasado por el trauma de un momento terrible en su vida.

En mis veinticinco años como consejera, creo que he tratado a más personas con miedo y ansiedad que con cualquier otro problema. Esto es un reflejo de las estadísticas nacionales. La ansiedad es la dolencia más común entre quienes consultan a profesionales de la salud, y la quinta entre quienes consultan a médicos especialistas.

Uno de cada cuatro norteamericanos oirá de labios de su médico el diagnóstico de trastorno de ansiedad en algún momento de su vida. Un tercio de la población general tuvo un ataque de pánico en el último año. El ataque de pánico sucede cuando el cuerpo entra en modo de «pelear o huir», con una subida en el nivel de hormonas del torrente sanguíneo que causa palpitaciones, sequedad de boca, sudor de manos, pensamiento acelerado, opresión en el pecho, dificultad para respirar y una abrumadora sensación de miedo.

Mi interés en esta enfermedad del alma va mucho más allá de lo profesional. Personalmente he tenido que luchar contra la ansiedad en diversos niveles. A veces, como un caso simple de «mariposas en el estómago» antes de dar un discurso o hablar en una conferencia. En este caso la ansiedad es positiva porque produce la adrenalina suficiente como para que podamos concentrarnos mejor y rendir al máximo. Pero cuando el miedo se apodera de nosotros y parece dejar nuestros nervios en carne viva, o nos seca la boca y nos «congela el cerebro», esto no es positivo. Es algo en realidad molesto y desagradable.

Ha habido ocasiones en que la ansiedad fue algo más que un problema molesto. Es que me sentía como con la soga al cuello, como si estuviera asfixiándome. Mi primer ataque de ansiedad acentuada se produjo después de que nuestro bebé muriera en el vientre, a mitad del embarazo.

El siguiente episodio fue después del traumático nacimiento de nuestro hijo menor, Nathan, que nació seis semanas antes de lo previsto. Cuando Nathan entró al mundo supe que algo estaba terriblemente mal. Estaba azul, no respiraba bien y su gritito sonó casi ahogado. En lugar de ponerlo en mis brazos, los enfermeros de la sala de partos se apresuraron a usar el succionador para quitarle el moco de la boca y que así pudiera respirar. John me sostenía de la mano y oramos por Nathan pidiendo a Dios que lo ayudara y guiara los esfuerzos de los médicos.

La pediatra que estaba de guardia vino a hablar con nosotros.

—Señora Vredevelt, su hijo no está recibiendo suficiente oxígeno así que le estamos ayudando con una vía intravenosa y oxígeno adicional.

—¿Corre peligro su vida? —quise saber.

—Puede ser —respondió—. He observado también que tiene síndrome de Down. He llamado a un cardiólogo para que lo revise porque su corazón no está funcionando bien. Le hemos puesto un catéter en el corazón y los técnicos siguen trabajando para estabilizarlo.

Los cambios hormonales de posparto se combinaron con la sensación de desconcierto ante los problemas del bebé, como si una bomba hubiera estallado en mi psique. El trauma envió oleadas de impacto por mi cuerpo y me dejó con una horrible ansiedad que duró más de un año.

El episodio más reciente comenzó con el accidente de tránsito que describí anteriormente: la noche en que nuestra hija Jessie nos llamó para decir que su auto había sido chocado desde atrás por un camión de dieciocho ruedas en la autopista.

Duele ver sufrir a los que amamos. La tensión crónica de verla sufrir fue casi demasiado para mí como madre. Hubo momentos en que sinceramente me preguntaba si podría enfrentar un día más de esto. Sin Dios, lo más probable es que hubiera colapsado todo mi sistema.

En estas temporadas emocionalmente cargadas y desesperantes para mí utilicé todos los recursos que pude encontrar para entender y elaborar las turbulentas e impredecibles olas de emoción. Con el tiempo mi cuerpo y mi mente se fueron calmando, aunque no tan rápido como lo hubiera querido ni tan fácil como lo deseaba. La buena noticia es que puedo decir con toda sinceridad que la sanidad sí llegó y que —a menos que haya un momento de estrés agudo e inusual— no me siento emocionalmente frágil ni al borde del colapso.

Todos sufrimos heridas. El trauma nos golpea sin aviso previo. A causa de que vivimos en un mundo lleno de situaciones imprevisibles y amenazadoras que a menudo escapan a nuestro control, jamás lograremos eliminar nuestros miedos. Sin embargo, sí hay algunas estrategias probadas clínica y experimentalmente para poder enfrentar nuestros miedos y calmar los nervios de modo que sintamos paz.

Veamos juntas algunas de estas estrategias.

SIETE FORMAS DE AUMENTAR TU ANSIEDAD

1. Tomarse las cosas demasiado a pecho.
2. Evitar la situación que nos perturba.
3. Mantener todo reprimido dentro.
4. Imaginar lo peor que pueda pasar.
5. Tratar de manejar y controlarlo todo.
6. Agotarse.
7. Negarnos a hablar de nuestras cargas con Dios.

Repasemos los hechos

Naomi me contó una tarde sobre las preocupaciones que la atormentaban. Cuando repasamos su historia me enteré de que un adolescente, vecino de su familia, la había violado sexualmente cuando ella tenía siete años. Cuando vino a verme, su hijo mayor estaba en primer grado y Naomi tenía un miedo terrible de que le pasara a él lo mismo que a ella. Este miedo estaba fundado en la herida de su infancia que ella había ocultado durante años.

«A Bobby lo invitan sus amiguitos para que vaya a jugar y se quede a dormir en sus casas», explicó Naomi. «No puedo dejar que vaya. Tengo mucho miedo de que le pase algo malo». Naomi sabía que su ansiedad había crecido hasta hacerse desproporcionada, pero no lograba quitársela de encima. Uno de mis objetivos era el de ayudar a Naomi a entender sus miedos.

«Naomi, las conductas de evitar que estás usando para enfrentar estas situaciones en realidad dan mayor fuerza a tu ansiedad», le dije. «No es este el tipo de miedo del que puedes retirarte esperando que desaparezca. Si quieres vencer este miedo tendrás que enfrentarlo directamente. Verás, el hecho es que *al evitar situaciones aumentas tu ansiedad*».

Naomi pasó las siguientes sesiones de consejería reviviendo y procesando el trauma de su infancia. Al conectar sus sentimientos presentes con los hechos de su violación, elaborando el duelo de la injusticia sufrida, el dolor poco a poco fue perdiendo fuerza. Para ayudarla a separar el pasado del presente, hice que Naomi escribiera una lista de los hechos sobre su experiencia pasada. Luego la comparó con una lista de los hechos de la vida de Bobby. Al ver las diferencias específicas en blanco y negro sintió gran alivio.

Pero había más trabajo que hacer. Naomi necesitaba repasar los hechos con su hijo. Compró un libro para niños que trataba sobre la seguridad personal y le enseñó a Bobby a prestar atención a la sensación de temor que podría sentir en el estómago ante una situación específica. Bobby aprendió que era muy importante decir «¡No!», y que también debía contarle a un adulto si se sentía en peligro. Ensayó situaciones potenciales con Bobby y le enseñó cómo responder ante alguien que actuara de manera sexualmente impropia. Al enseñar a Bobby todo esto, Naomi ya no se preocupó tanto por su vulnerabilidad y pudo aumentar su confianza en la capacidad del niño para protegerse.

También fue útil reunir datos sobre los amigos de Bobby y sus padres. Naomi se sentía más cómoda con algunas personas, y menos con otras. Llegó a un punto importante cuando ella y su esposo le dieron permiso a Bobby para que pasara la noche en casa de su mejor amigo después de un partido. No fue totalmente sin ansiedad, pero ¡era un paso adelante!

¿Te está robando el miedo tu gozo? ¿Te están quitando la paz las preocupaciones y la ansiedad? Si es así, ¿puedo sugerirte algo? Por favor, recoge los datos reales. Si estás preocupada por la posibilidad de sufrir una enfermedad, no vivas rumiando la idea. Llama a un médico o ve a ver a un especialista con quien puedas revisar los datos reales.

Concéntrate en lo que es, y no en lo que podría ser.

Enfrenta tus miedos. Investiga. Haz preguntas. Aprende. Busca información. La mente que se alimenta de datos reales tiene menos posibilidades de caer presa de la imaginación frenética que presenta lo ilusorio como realidad. El miedo a lo desconocido puede paralizarte pero los datos te ubican en buena posición para dar el siguiente paso.

Billy Graham dijo: «La paz no es arbitraria. Tiene que basarse en datos definitivos. Dios tiene todos los datos de su lado; el mundo no los tiene. Por eso Dios, y no el mundo, puede dar paz».

Reconexión con el presente

Hace años vi un ingenioso acróstico con la palabra *temor*:

Toda **E**videncia **M**entirosa que se **O**frece como **R**eal.

Cuando sentimos temor rara vez podemos pensar con claridad. Es fácil sacar conclusiones apresuradas. La ansiedad puede causar un cortocircuito en nuestro cerebro, llevándonos a malinterpretar el significado de un hecho y ver todo tipo de situaciones catastróficas.

He oído decir que cuanto más inteligente y creativa seas, más posibilidades tienes de preocuparte. ¿Por qué? Porque cuando nos preocupamos por algo nuestra imaginación pinta imágenes en nuestra mente de aquello a lo que más tememos. La gente con mente aguda ve todos los ángulos de una situación determinada y su componente creativo les hace ver vívidamente todos los resultados posibles. (Moraleja: ¡alégrate si no naciste inteligente o creativa!)

Muchas de las preocupaciones que tenemos son causadas por la tendencia a sobreestimar la probabilidad de un sucesos malo y a exagerar su potencial impacto negativo. Buscamos espiar el futuro y entonces nuestra imaginación se desboca llevándonos a la conclusión de que las cosas saldrán mal, con resultados insoportables.

Una de las mejores formas de detener este desperdicio de energía mental y emocional es viviendo el momento.

No el mañana.

No la semana que viene.

No el mes que viene.

Sino hoy, el momento presente.

Lo sé: es más fácil decirlo que hacerlo. La mente humana gusta de abandonar el presente, en particular si nuestros procesos de pensamiento no están centrados en algo estimulante.

Durante el año posterior al accidente de Jessie esta disciplina mental se convirtió en mi deber diario. Con toda intención tenía que esforzarme por detener mi imaginación y centrarla en el aquí y el ahora. A veces me era fácil. Otras veces, no tanto. Cuando no lo hacía de manera anticipada, la preocupación se cobraba su peaje. Una tarde, mi masajista estaba trabajando en mis hombros.

—Pam —me dijo—. Estos músculos se sienten como si hubieras estado cargando con el mundo sobre tus hombros. ¿Te sientes agobiada por algo?

Mi cuerpo nunca miente. Envía claves claras sobre lo que está pasando en mi mente.

—Sí, Trish —confesé—. Es esta cosa de las madres. Me preocupa Jessie...

No hizo falta que dijera más. Ella sabía lo del accidente. Y como era madre de una niña ciega, entendía el estrés de vivir con situaciones difíciles que no se resuelven sencillamente. Siguió con la terapia y pasó a masajearme las piernas.

—¡Ay! ¡Eso duele! —protesté cuando presionó mis pantorrillas con los pulgares. Por lo general mis piernas no son un área problemática porque salgo a caminar cuatro veces a la semana y luego hago elongación para estirar los músculos. Trish dejó de presionar y dijo con suavidad:

—Pam, creo que estás caminando demasiado hacia el futuro...

Jamás olvidé ese comentario. Fue un potente recordatorio de la conexión mente-cuerpo y de mi necesidad de vivir en el presente. En el silencio de ese momento oré: *«Dios, estoy dejando el futuro tranquilo y acurrucándome junto a ti. Contigo puedo enfrentar el día de hoy. Contigo puedo enfrentar el día de mañana. Contigo mis hijos cumplirán los planes y propósitos para sus vidas. Elijo descansar en ti...»*

Nuestros pensamientos influyen en nuestros sentimientos. En cuestión de segundos pueden destruir nuestra paz mental y crear ansiedad y pánico sin que nada haya cambiado alrededor de nosotros. Lo opuesto también es cierto. Si quitamos los pensamientos del futuro y los ubicamos en el presente, podemos calmar y aquietar nuestros nervios. A veces nuestros pensamientos más importantes son los que contradicen nuestras emociones.

He descubierto que los que somos temerosos muchas veces nos negamos la entrada a través de las puertas que pueden llevarnos a la sanidad y el crecimiento. Nos acobardamos por temor a cometer un error más o a abrirnos a algo que pudiera causar nuestra muerte. Entonces seguimos hundidos en nuestro dolor y terror, intentando sobrevivir al aislamiento que nos imponemos a nosotros mismos. Gritamos que queremos ser diferentes, pero nos negamos a movernos y salir de nuestra atrofiada existencia.

PATSY CLAIRMONT

Negarse a suponer lo peor

Después de cualquier situación que haya exigido demasiado de nuestra mente durante un período prolongado, nuestras defensas psicológicas están débiles y nos cuesta descartar la preocupación. Los pensamientos de preocupación que rebotarían en nuestra mente en circunstancias normales parecen penetrar y quedarse a vivir allí. Y una vez que lo logran comienzan a crecer. Entonces perdemos la perspectiva exacta de lo que en realidad está sucediendo alrededor de nosotros.

Una de las mejores formas de manejar las preocupaciones que se multiplican de forma exponencial, es la de sencillamente interrumpir el proceso en tu cabeza diciendo con firmeza: «¡Basta ya!».

Con determinación, interrumpe esta escalada de preocupación y recuerda que el Señor desea dar perspectiva y paz a tu corazón. El salmista escribió: «Cuando en mí la angustia iba en aumento, tu consuelo llenaba mi alma de alegría» (Salmo 94:19).

Recuerdo bien el primer año de vida de Nathan. Con dolor a causa de su síndrome de Down y preocupada por su problema cardíaco, me encontré cayendo cuesta abajo hacia un mar de lodo pegajoso. Los hechos me causaban preocupación. Habíamos pasado el dolor de la muerte de un bebé, y el problema cardíaco de Nathan era grave. En estas circunstancias, supongo que no era raro que luchara con el miedo de encontrarlo muerto en su cuna.

Cuando nos preocupamos nuestra imaginación vuela sin riendas. Y cuanto más lo hace, tanto mayor es nuestra ansiedad y preocupación. Es un círculo vicioso. Pero es un círculo que se puede romper. Podemos decirle «basta» a nuestros pensamientos. Podemos poner a prueba la realidad y negarnos a permitir que las cosas pequeñas se conviertan en enormidades.

Una y otra vez cuando la idea de perder a Nathan invadía mi mente, dije: «¡Basta! Es mi imaginación salvaje y sin control. No voy a seguir ese camino. Nathan está durmiendo tranquilamente. Tiene buen color. Respira bien. Está bien. Me niego a hacer de todo esto un problema. Y además, Dios es quien controla los días de Nathan en este mundo».

¿Y sabes qué? Los pensamientos negros se esfumaron y la ansiedad poco a poco se fue desvaneciendo. La buena noticia es que no tenemos por qué seguir compulsivamente todo hilo de pensamiento que surja en nuestra mente. ¡Corta el hilo y déjalo volar al viento! Un pensamiento es solo un pensamiento. No tenemos que darle más poder del que merece.

La pregunta es, ¿dónde vamos a fijar nuestros pensamientos?

El apóstol Pablo nos alienta: «Por último, hermanos, consideren bien todo lo verdadero, todo lo respetable, todo lo justo, todo lo puro, todo lo amable, todo lo digno de admiración, en fin, todo lo que sea excelente o merezca elogio [...] *y el Dios de paz estará con ustedes*» (Filipenses 4:8-9, énfasis agregado por mí).

Pablo también sugiere que demos formato a nuestros pensamientos de modo de poder vivir en el presente, experimentando la paz de Dios. Escribe: «No se inquieten por nada; más bien, en toda ocasión, con oración y ruego, presenten sus peticiones a Dios y denle gracias. Y *la paz de Dios*, que sobrepasa todo entendimiento, cuidará sus corazones y sus pensamientos en Cristo Jesús» (vv. 6-7, énfasis agregado por mí).

Me consuela saber que no tengo que crear mi propia paz. Dios lo hará por mí. El sabio anciano profeta Isaías proclamó con valentía: «Tú guardarás en completa paz a aquel cuyo pensamiento en ti persevera; porque en ti ha confiado» (Isaías 26:3, RV 60).

Hablando en un nivel relacional, la Biblia nos dice: «Busquen la paz con todos» (Hebreos 12:14). Sin embargo, cuando se trata de la paz en nuestro corazón, de paz en el centro de nuestro ser, la paz no es algo que podamos buscar como si fuera una rara mariposa. En realidad, *es un subproducto*. Es la energía que estabiliza, tan real como la energía de la electricidad, que el Espíritu de Dios imparte a nuestro espíritu cuando deliberadamente ajustamos nuestros pensamientos según su sabio consejo. Viene cuando enfrentamos nuestros temores y repasamos los hechos. Cuando nos reconectamos con el presente. Cuando nos negamos a suponer lo peor. Cuando fijamos nuestros pensamientos en Dios y confiamos en Él para todo lo que pueda preocuparnos.

Él te ama, y anhela ser tu paz.

El Señor fortalece a su pueblo;
El Señor bendice a su pueblo con la paz.
(Salmo 29:11)

1. En la escala de 1 a 10 (donde 10 es la intensidad mayor), ¿dónde está tu nivel de ansiedad ahora? ¿Cuál de las siete formas de aumentar la ansiedad, entre las que hay en la página 85, sueles elegir con mayor frecuencia?

2. ¿Por qué cosas te preocupas con mayor frecuencia? Una forma de reducir tu ansiedad es repasando los hechos y datos. Haz una lista de todos los datos reales en relación con lo que te preocupa.

3. Cindy Morgan dijo: «El miedo es un ladrón. Te roba tu futuro feliz. También te roba el momento que tienes ante los ojos. Desperdicié demasiados años preocupándome, llena de pánico y miedo, y perdí muchos momentos potencialmente maravillosos». Identifica un momento en tu vida en que el miedo te haya robado una experiencia potencialmente maravillosa.

4. Ve a un café con una buena amiga o un buen amigo y pídele que te ayude a dilucidar los aspectos realistas y los irracionales de lo que más miedo te da. Luego ve a casa, regálate una siesta, un baño caliente y un buen libro con una taza de café con leche.

Deja ir el enojo

[Pam]

Más vale ser paciente que valiente;
Más vale dominarse a sí mismo que conquistar ciudades.

REY SALOMÓN

«¡estaba furiosa!»

La confesión de Doug con respecto a su aventura amorosa derribó el mundo de Kathy. Algo murió dentro de ella. La ira y el resentimiento la asfixiaban bajo su enorme peso. En serio se preguntó si alguna vez lograría trepar por las paredes de este pozo para salir de la oscuridad de tan dura realidad.

Poco después Doug dejó la casa. Dijo que no la amaba y que en realidad nunca la había amado. Kathy no tenía demasiadas calificaciones como para encontrar un empleo, pero se vio obligada a hacerlo. Durante los últimos ocho años se había dedicado al hogar y a los niños.

Lo más terrible de esta tragedia fue ver sufrir a sus hijos. Estaban destrozados por el dolor de este matrimonio fragmentado, y por la incertidumbre de la separación que vivían. Acurrucada en un rincón dentro del cuarto de baño, Kathy le rogó a Dios que le diera fuerzas para poder seguir manteniendo unida a su reducida familia bajo el peso de su angustia.

Cada vez que Kathy confrontaba a Doug respecto de su adicción sexual, él sencillamente se encogía de hombros. Convencido de que no tenía ningún problema, no pensaba cambiar. Para Kathy era evidente que Dios tenía las manos atadas. No podía sanar donde reinaba la falta de sinceridad. Las mentiras bloqueaban sus milagros. Dios le quitó el velo de los ojos a Kathy y le mostró que ella nada podía hacer en cuanto a las decisiones de Doug. Kathy pidió el divorcio y decidió no decir nada respecto de sus infidelidades.

Kathy tuvo largas conversaciones con Dios. Se enojó mucho y formuló preguntas duras y sinceras: *¿Dónde estabas cuando Doug me traicionaba? ¿Por qué no nos protegiste a mí y a los niños de este abuso? ¿Cómo pudiste permitir que sucediera esto? ¿Podré confiar de nuevo en alguien?*

Todo el tiempo Dios escuchó con paciencia y siguió enviando bendiciones que a Kathy le costaba ver a causa de su dolor. Abrumada por la injusticia que ella y sus hijos sufrían, Kathy comenzó a pensar en vengarse. Con solo abrir la boca y contar su historia, sabía que podría destruir a Doug.

El enojo. El resentimiento. La ira. Son reacciones normales cuando alguien nos hiere. La traición y la pérdida violan nuestro sentido de la justicia. La furia nos hace gritar: «¡Esto es injusto!». Nos aferramos al enojo y buscamos venganza porque nos parece una solución práctica. Pero no lo es. Tampoco lo es negar o reprimir nuestro enojo.

Por desdicha, a muchos nos han condicionado a creer que el enojo —*todo* tipo de enojo— está mal. La verdad es que enojarse no está mal. El enojo forma parte del bagaje emocional que Dios nos dio. «Si se enojan, no permitan que eso los haga pecar» (Efesios 4:26, BLS).

Si negamos o reprimimos nuestro enojo, terminaremos sintiéndonos cansados y amargados. Los sentimientos que se reprimen y esconden no mueren... quedan ocultos bajo la superficie. He conocido personas que ocultaron sus sentimientos durante tanto tiempo que cuando intentan acceder a ellos no lo logran. Quizá no sientan demasiado enojo, pero tampoco sienten gozo. Con el tiempo se convierten en bombas andantes, siempre a punto de explotar.

El enojo forma parte del designio original de Dios. Una y otra vez en la Biblia encontramos que Jesús sentía «compasión» al cruzarse con las personas que sufrían. La palabra compasión indica literalmente una sensación en las entrañas. Su corazón se rompía cuando veía a personas en desesperada necesidad, oprimidas por la injusticia, o brutalmente maltratadas. Una potente sensación de empatía le hacía alimentar al hambriento, sanar al enfermo, consolar al que lloraba y resucitar a los muertos. Se enojó y lloró ante las injusticias que vio. Y su enojo le llevó a actuar en pos del bienestar de otros.

Sí, Jesús se enojó, pero usó su enojo como Dios quiere: para bien.

Los que se enojan por las heridas que sufren ellos mismos y otras personas, muchas veces hacen de este mundo un lugar mejor.

El enojo de Martín Lutero ante los abusos religiosos de su época dio lugar a la Reforma. La Decimotercera Enmienda fue fruto de la agitación producida por los abolicionistas enojados contra la esclavitud de los seres humanos.

Los sufragistas, enojados porque se les negara el voto, iniciaron una campaña que culminó con la proclamación de la Decimonovena Enmienda. El enojo de Martin Luther King, hijo a causa del racismo, llevó a la proclamación de los Derechos Civiles de 1964. Todas estas personas sintieron enojo, pero lo canalizaron en acciones positivas que lograron reformas sociales para bien.

Cuando sufrimos una herida tenemos que darnos permiso para reconocer y exteriorizar nuestro enojo de manera positiva. El enojo es la energía que puede impulsarnos hacia adelante en el proceso del duelo ayudándonos a hacer las paces con la injusticia sufrida. Es una fuerza potente que puede encender cambios importantes y perdurables.

El enojo que se canaliza y controla de manera adecuada es algo bueno, algo que nos da Dios. Como la llama de fuego en una estufa, el enojo no es destructivo en sí mismo. Es una emoción legítima, que tiene una función legítima. Pero dependiendo de cómo lo usemos, podrá ser dañino o útil. Si no aprendemos a procesar y expresar el enojo de manera saludable, los resultados pueden ser trágicos. Aristóteles lo expresó muy bien: «Cualquiera puede enojarse. Eso es fácil. Pero enojarse con la persona indicada, en el grado indicado, en el momento justo, por el propósito adecuado y de manera adecuada, eso no es fácil».

Una estrategia probada y verdadera para elaborar el enojo es lo que llamamos el Método PPO. Es una manera útil de guardar la calma cuando sentimos la escalada de ira en nosotros y la reconocemos como algo peligroso. El Método PPO representa tres pasos o acciones: Pausa. Pensamiento. Oración.

Pausa

El primer paso será hacer una pausa de forma deliberada. Tomar aire, respirar profundo y permitir que esa energía que hierve en nosotros salga al exhalar. Estarás comprando algo de tiempo con esto. Porque tu cuerpo y emociones se enfriarán antes de que actúes. Podrás tomarte un descanso y alejarte de la situación que te provoca esta emoción, si es posible.

¿Has observado que cuanto más enojados estamos, más tontos somos? No es fantasía. Es cierto y está probado. El enojo reduce el flujo de oxígeno al cerebro y entonces no podemos pensar con claridad. Cuando estamos enojados nos conviene hacer una pausa, despegarnos de lo que nos esté causando el enojo y calmarnos un poco.

Si la presión emocional aumenta y acelera su velocidad, la energía interna buscará por dónde salir. Si no abrimos una válvula de escape para darle una salida, seremos como ollas a presión a punto de explotar. En cambio, si hacemos una pausa nos estamos dando la oportunidad de descargar un poco de toda esta energía acumulada.

A continuación verás una lista de ideas para descargar la tensión interna ¡antes de que explote! Son siete formas de lograr una respuesta calmada:

1. Respira hondo, cuenta hasta cinco, luego exhala y relájate. (Sí, es un consejo antiguo ¡pero da resultado!)

2. Sintoniza con tu cuerpo y deliberadamente relaja las partes tensas.

3. Camina por el perímetro de la habitación liberando la tensión.

4. Bebe un poco de agua.

5. Reclínate sobre el respaldo de la silla relajándote a gusto.

6. Masajea tus hombros y nuca.

7. Calienta una almohadilla eléctrica y ubícala sobre tus hombros o en la zona lumbar.

Pensamiento

El enojo no tiene por qué ir en escalada de furia. Podemos elegir palabras que aplaquen en lugar de otras que causan más enojo cuando hablamos con nosotros mismos sobre lo que puede estar molestándonos o haciéndonos sentir frustración. El conocimiento y conciencia de uno mismo es una clave importante para el manejo de la ira porque nos permite monitorear nuestra tensión y liberarla de manera efectiva. Las personas que saben manejar su ira lo hacen casi por intuición. Tienen clara conciencia de qué es lo que les molesta, y logran reducir el nivel de su enojo para no hervir ni «quemar» a los demás con furia incendiaria.

Esto tiene enorme poder para reducir la tensión y ayudarnos a manejar la tensión del momento. Hasta el enojo más rabioso no tiene por qué hacernos hervir. Porque con palabras refrescantes podemos ir enfriándonos, de modo que evitemos causar un incendio emocional en nosotros y en los demás.

Palabras que enfrían el enojo

> *Enojarme no hará que logre lo que deseo a largo plazo.*
>
> *Piensa con claridad. Concéntrate. Mantén una actitud positiva.*
>
> *Preserva la razón y la lógica respetando al número uno.*
>
> *No eches culpas. Busca soluciones.*
>
> *Esta situación no merece un infarto.*
>
> *Este problema es molesto, pero no tiene por qué ser la gran cosa.*
>
> *No tengo que tomármelo de forma personal.*
>
> *Lo que hoy parece tan importante no lo será en un par de meses más.*
>
> *Puedo elegir mis peleas y guardar mis energías para cosas más importantes.*
>
> *Cuando llegue el momento justo, hablaré con calma y suavidad.*

Oración

Cuando hablamos con Dios sobre nuestras heridas y enojo, lo hacemos por nuestro bien, no por el de Él. Él ya conoce los secretos de nuestro corazón. Y no hablo de oraciones con palabras religiosas, pías o elegantes. Me refiero a hablar con sinceridad de nuestros pensamientos y sentimientos con Dios, como lo haríamos con nuestro mejor amigo. A veces la mejor oración tiene más sentimiento que palabras. Los susurros en la oscuridad, el llanto de un corazón solitario, los suspiros de confusión o las palabras que balbuceamos llegarán a los oídos de Dios, y Él responderá.

Así mismo, en nuestra debilidad el Espíritu acude a ayudarnos. No sabemos qué pedir, pero el Espíritu mismo intercede por nosotros con gemidos que no pueden expresarse con palabras. Y Dios, que examina los corazones, sabe cuál es la intención del Espíritu, porque el Espíritu intercede por los creyentes conforme a la voluntad de Dios. (Romanos 8:26-27).

David, autor de muchos de los Salmos, era maestro en el arte de ventilar su enojo en oración. Me gusta su valiente sinceridad ante Dios:

Me aterran las amenazas del enemigo y la opresión de los impíos, pues me causan sufrimiento y en su enojo me insultan [...] ¡Destrúyelos, Señor! ¡Confunde su lenguaje! [...] ¡Que sorprenda la muerte a mis enemigos! ¡Que caigan vivos al sepulcro, pues en ellos habita la maldad! Pero yo clamaré a Dios, y el SEÑOR me salvará. Mañana, tarde y noche clamo angustiado, y él me escucha. Aunque son muchos los que me combaten, él me rescata, me salva la vida en la batalla que se libra contra mí [...] Encomienda al SEÑOR tus afanes, y él te sostendrá. (Salmo 55:2-3,9,15-18,22)

En lugar de tomar el asunto en sus propias manos, David ponía su enojo en la falda de Dios, o como dice la traducción inglesa *The Message* [El Mensaje], «apilaba sus problemas sobre los hombros de Dios» (Salmo 55:22). Le pedía a

Dios que se ocupara de su causa y produjera venganza. Su ejemplo es un reto para nosotros. Cuando estamos enojados, como impulso natural queremos actuar enseguida. Queremos «poner las cosas en su lugar» y equilibrar la balanza. Es parte de la naturaleza humana querer restablecer la justicia ante una situación injusta. En lugar de depender de Dios queremos tomar las cosas en nuestras manos y hacernos cargo del asunto. Nuestro sentido de la justicia grita: «Si hay que arreglar este asunto, ¡soy yo quien lo hará!».

Los caminos del mundo son muy distintos a los caminos de Dios. Se nos aconseja dejar el cuándo y el cómo de la venganza a Dios: «No paguen a nadie mal por mal [...] No tomen venganza, hermanos míos, sino dejen el castigo en las manos de Dios, porque está escrito: "Mía es la venganza; yo pagaré", dice el Señor [...] No te dejes vencer por el mal; al contrario, vence el mal con el bien» (Romanos 12:17,19,21).

Alguien dijo: «El que busca venganza cava dos tumbas».

La justicia reinará. Dios la iniciará y Dios la completará. Lo hará ahora o después. Es lo que Dios nos promete. Dios es nuestro vengador, en este momento, ahora mismo. Jesús está hoy en presencia del Padre como nuestro Abogado: «[...] tenemos ante el Padre a un intercesor, a Jesucristo, el Justo» (1 Juan 2:1).

El Espíritu Santo está junto a nosotros como abogado defensor en una corte, representándonos y luchando por nuestros intereses: «[...] el Espíritu mismo intercede por nosotros» (Romanos 8:26).

He hablado a menudo con Dios sobre estas verdades durante las épocas difíciles de mi vida. Las oraciones basadas en estas ideas atemperaron mi enojo causado por injusticias y pérdidas, haciendo que yo recordara la imagen completa en lugar del detalle que tenía enfrente. No hay situación en la vida que pueda derrotarnos gracias a lo que Dios *es dentro* de nosotros. Él es más grande que lo que nos ataca. Es más poderoso que quienes nos lastiman. Sus planes y propósitos para nuestra vida no podrán ser torcidos por nadie ni nada, por negras que veamos las cosas en el momento.

Cada dolor, cada pena, cada gramo de enojo que entregamos a Dios no habrá sido en vano. Porque Él lo toma todo: lo bueno, lo malo, lo flagrantemente injusto, y le da un giro positivo de modo que en última instancia todo obra para nuestro bien eterno: «Ahora bien, sabemos que Dios dispone todas las cosas para el bien de quienes lo aman, los que han sido llamados de acuerdo con su propósito» (Romanos 8:28).

Henri Nouwen, uno de mis autores favoritos, era un sacerdote católico que enseñaba en Yale y Harvard, y que viajó por el mundo como disertante y escritor famoso. En la cima de su carrera, dejó detrás el prestigio y el poder para servir a las personas severamente discapacitadas de Francia y Canadá.

He registrado muchas de las reflexiones del señor Nouwen en mi diario personal a causa de la esperanza que ofrecen sus eternas perspectivas. Al reflexionar sobre la enseñanza de Cristo sobre el sufrimiento que encontramos en este mundo, él describe nuestra pena como parienta de los dolores de parto: «Y así, lo que parece un impedimento se convierte en camino. Lo que parece un obstáculo se convierte en puerta, y lo que pareciera torcido se convierte en piedra angular. Jesús cambia nuestra historia, transformando una serie azarosa de tristes incidentes y accidentes, en constante oportunidad para un cambio en nuestro corazón».

En este sentido, todo dolor que rindamos ante Dios sirve a un propósito eterno. La libertad llega cuando nos negamos a reensayar los males que se han cometido en contra de nosotros y dejamos atrás nuestra hambre insaciable de tomar revancha.

Renunciar a la repetición y la venganza

El enojo no se irá si repetimos una y otra vez lo que nos dolió. Por el contrario, esto sostendrá y alimentará nuestra ira. Nuestra mente repite los sucesos desagradables que se relacionan con nuestro dolor una y otra vez. Muchas de estas repeticiones tienen el agregado de fantasías que tenemos en cuanto a cómo retribuir el mal. Con cada imagen dolorosa, nuestra imaginación conjura una venganza más cruda todavía y aumentan las posibilidades de que actuemos impulsados por la ira.

Toda escena de enojo que revivamos vuelve a pulsar el botón de la adrenalina en nuestro cuerpo, por lo que volvemos a entrar en modo de «pelear o huir». Cuanto más revivamos nuestro dolor y fantaseemos con la venganza, tanto más debilitaremos nuestra capacidad para controlar los impulsos y nos preparamos para actuar de manera destructiva. La idea de arder en el fuego de la ira, la humillación y el odio, nos atrapa en un calabozo de torturas construido por nosotros mismos.

No hay por qué vivir a merced de las violentas imágenes que nos mantienen encadenados a nuestro dolor. No hay por qué ser víctimas de las fantasías que envenenan nuestra alma con amargura y odio. Hay una forma de poner fin a las hostiles pesadillas. Hay una alternativa a esta opción de aferrarnos a la lujuria de la venganza.

Se llama perdón.

El perdón implica renunciar a mi derecho de hacerte daño porque tú me lo hiciste a mí. Y este es el sello de la fe cristiana. Como dice Chuck Colson: «Nada es más cristiano que el perdón».

Una cosa es cierta: no podemos vencer al mal con el mal. Solo se vence al mal con el bien (véase Romanos 12:21). Dios es bueno y nos instruye mandándonos a perdonar, no por Él ni por quien nos ha dañado, sino por nosotros mismos. Es lo que Dios quiere que hagamos porque sabe que perdonar es lo que mejor nos conviene, y que es clave para nuestra plena recuperación.

El perdón y la renuncia al enojo, estas dos cosas son lo mismo. Si no perdonamos, nos condenamos a una vida en la prisión del dolor. Quedamos congelados en el pasado, apesadumbrados bajo la carga del rencor y nuestro dolor nos aplasta. Y así le damos a quien nos traicionó mayor poder del que merece permitiéndole frustrarnos e inmovilizarnos una y otra vez.

Francamente, hasta la idea de perdonar a quien nos hizo daño puede hacer que nos enojemos. No queremos perdonar porque no queremos liberar a esta persona.

El perdón no es fácil, ni es natural.

Es difícil y sobrenatural.

El perdón requiere de la participación de Dios. Cuanto más hayamos sufrido, tanto más necesitamos de la gracia de Dios para perdonar.

¿Cómo perdonamos si nuestras emociones claman por venganza? Un simple e insulso: «Te perdono» no suele funcionar. El perdón es la decisión intencional de la voluntad que comprende un proceso. Cuando pasamos por ese proceso paso a paso, poco a poco sentimos la obra creativa de Dios en nuestro corazón, que alivia nuestro dolor y restaura nuestro gozo. Aquí hay varios pasos para ayudarte a sentir la libertad del perdón[1].

Primer paso: Admitir el dolor y el enojo.

Hay un lugar donde el proceso de sanidad y perdón deberá comenzar. Ese lugar es la sinceridad. No vas a restarle importancia a lo sucedido, pero tampoco vas a exagerarlo. Con toda sinceridad mira si has tenido participación en el problema. Anota tus recuerdos y sentimientos para obtener mayor entendimiento. Este primer paso puede ser el más difícil... y el más liberador para muchas personas. No te sorprendas si se abre un dique en ti y fluye un torrente de lágrimas. Está bien. Porque sentir es sanar, ¿recuerdas?

Segundo paso: Conversar sobre ello.

Si estás en relación continua con alguien que te hirió es importante que hables sobre esa herida. Intenta elegir el momento adecuado y un lugar donde puedan conversar a solas. Deberás ser sincera y abierta y expresar con calma tu perspectiva sobre lo sucedido. Invita a la otra persona a hacer lo mismo. Recuerda que en toda historia hay dos versiones, dos lados de la misma moneda. Ver el otro lado quizá no te quite el dolor, pero puede ayudarte a perdonar.

Si no es posible o aconsejable una reunión cara a cara, entonces encuentra a una persona confiable con quien puedas dialogar sobre tu herida. Sé específica acerca de lo que te duele y en qué forma lo sufres. La paz y la sanidad vienen en el contexto de las relaciones seguras cuando decimos la verdad en amor (véase Efesios 4:15).

Tercer paso: Recordarte a ti misma que el perdón es necesario para obtener la libertad.

«Más bien, sean bondadosos y compasivos unos con otros, y perdónense mutuamente, así como Dios los perdonó a ustedes en Cristo» (Efesios 4:32).

La última parte de este versículo nos dice por qué es tan importante que perdonemos a los demás. En verdad, todos cargamos con el peso de las cosas hirientes, impulsivas o terriblemente malas que cometimos, y todos necesitamos mucho del perdón. Lo que nos asombra es que cuando venimos ante Dios, confesamos nuestro pecado, y le pedimos perdón... Él nos perdona. La Biblia lo dice con toda claridad: «Si confesamos nuestros pecados, Dios, que es fiel y justo, nos los perdonará y nos limpiará de toda maldad» (1 Juan 1:9).

Jesús murió para pagar el precio de nuestros errores, y anhela que aceptemos su regalo de perdón.

Pero también quiere algo más.

Quiere que perdonemos a los demás, y no porque lo merezcan. Muchas de las personas que nos ofendieron e hirieron no merecerían perdón. Lo sabemos... y Dios lo sabe mucho mejor que nosotros. Sin embargo, nos pide que perdonemos porque Él perdonó primero. Aceptar el perdón de

Dios y perdonar a los demás son dos cosas que necesitamos para poder experimentar la sanidad total y completa.

Cuarto paso: Pídele a Dios que te dé fuerzas para que puedas decidir otorgar perdón a otros.

¿Viste eso? El perdón es una decisión de la voluntad. En realidad tiene poco que ver con nuestros sentimientos que pueden elevarse o hundirse cada cinco minutos. Cuando decidimos perdonar, quizá todavía sintamos resentimiento o enojo. Hay heridas que son tan profundas que resulta casi imposible ir más allá de nuestros sentimientos. Y cuando sucede esto necesitamos pedirle a Dios que nos dé fuerzas sobrenaturales. Un punto de partida práctico será la sencilla oración: «Dios, ayúdame a querer perdonar. Dame la capacidad de hacer lo correcto aunque mis sentimientos me empujen a hacer lo contrario». Jamás he visto a alguien que haya orado así y no encontrara la libertad. Dios siempre nos dará fuerzas para hacer lo que nos pide que hagamos.

Cuando tomamos la decisión intencional de perdonar, abrimos las puertas para que Dios obre un milagro creativo en nuestro corazón. El perdón le da acceso a nuestra herida, y Él sana, restaura y redime lo que nos ha sido robado. Esto es verdad aun cuando nuestras circunstancias no cambien ni cambien quienes nos han herido.

Quinto paso: Deja el pasado atrás.

No existe tal cosa como «perdonar y olvidar».

Quien inventó esta frase habrá estado soñando, era ingenuo o vivía del otro lado de la luna. Enfrentémoslo: una vez que un recuerdo anidó en nuestro archivo mental, allí quedará para toda la vida. Gracias a Dios, el «olvido» no es un prerrequisito para la sanidad de nuestras heridas, y tampoco es necesario para poder perdonar. Lo que sí es necesario es que enfrentemos la verdad de nuestras heridas sintiendo lo que nos causen, expresando estos sentimientos de manera constructiva ante Dios y las personas en quienes confiamos, decidiendo dejar de lado la repetición y la venganza.

Los recuerdos aflorarán (dalo por seguro), pero podemos elegir decir: «Le he entregado esto a Dios. Él está a cargo del asunto ahora». Entonces, con toda intención podremos concentrarnos en oras cosas.

Sexto paso: Ten paciencia durante el proceso.

Otórgate gracia. A los recuerdos dolorosos les lleva tiempo perder su fuerza, incluso cuando hayamos decidido perdonar. Con el tiempo, sin embargo, el corazón seguirá a la mente y podremos sentir una nueva sensación de libertad.

El proceso del perdón a veces se ve complicado por ofensas recurrentes. Esto es casi inevitable en relaciones cercanas tales como el matrimonio. En el ciclo del dolor, el perdón y la renovada confianza, habrá que repetir el perdón una y otra vez. Es una disciplina que ejercemos a diario. Cuando se restauran las relaciones a través del proceso de dar y recibir perdón, estas se hacen más íntimas y perdurables.

A veces, sin embargo, la dirección a tomar cuando alguien no muestre remordimiento o no pare de ofendernos es la de separarnos de esa persona. En casos de maltrato o abuso reiterado, aunque elijamos perdonar, no será adecuado o seguro volver a confiar en esta persona. No es sabio confiar en quien no es confiable. La confianza es algo que se gana. En estas situaciones es imperativo desprendernos temporalmente de quienes nos hieren y buscar ayuda de un pastor o profesional capacitado. Un poco de distancia podrá ayudarte a discernir qué es lo que necesitas para poder avanzar en tu sanidad personal y tu futura reconciliación con la persona que te hirió.

Cuando alguien nos lastima injustamente, cuando no lo merecemos, habrá un momento en el que llegaremos a una disyuntiva. Tendremos que enfrentar el dolor cara a cara y preguntarnos: *¿Voy a aferrarme a mi enojo con violencia hacia mí misma, o voy a perdonar a quien me ofendió? ¿Voy a permitir que la amargura pudra y envenene mi alma, o voy a invitar a Dios para que me dé fuerzas que me permitan dejar el enojo atrás?*

Para toda mujer herida, el glorioso don del perdón implica libertad y alivio nunca antes experimentados. Cuando ponemos en práctica el hábito de dejar ir nuestro enojo, descubrimos cada vez con mayor fuerza que el perdón y la sanidad son una misma cosa.

1. Marca con un círculo las siguientes expresiones de enojo con las que más te identificas.

resentimiento	dolor
irritación	decepción
frustración	furia
ira	molestia
agitación	estallido

2. La ira es una emoción secundaria. ¿Qué ataque, rechazo o amenaza hay detrás de tu ira?

3. ¿En qué aspectos impidió tu crecimiento o progreso el haberte aferrado a la ira? ¿De qué modo afectó tu ira a los que te rodean?

4. Usando el método PPO identifica una de las fuentes de tu enojo y aplica el proceso.

El arte de sobreponerse

[Steve]

Aunque el mundo esté lleno de sufrimiento, también está lleno de la fuerza que nos permite sobreponernos.

HELEN KELLER

a vida era una pesadilla.

Stormie había sido abusada física y emocionalmente en su infancia. Su familia era muy pobre, su madre tenía una enfermedad mental, sus pares se burlaban de ella. Stormie intentó escapar por la vía del alcohol, las drogas y lo oculto. Vivió una vida de temor, soledad y odio hacia sí misma. Esto la llevó a cometer un aborto, a divorciarse y a sufrir graves problemas de salud. La vida parecía un espiral en descenso, fuera de control.

Stormie escribe: «Para mí todo esto era un daño irreparable... Me costaba cada vez más enfrentar la vida. El vacío y el dolor que sentía se hacían más profundos cada año. Mis períodos de depresión empeoraban y mi ansiedad iba creciendo al punto de que cada mañana al despertar, me asaltaba la idea del suicidio».

A los veintiocho años Stormie Omartian decidió que estaba cansada de ser una víctima y que haría algo al respecto.

Sabía que si seguía concentrándose en sus heridas esto la destruiría. Tenía miedo, se sentía agotada, terriblemente mal.

Entonces se volvió a Dios y hacia lo positivo. Después de ese momento todo comenzó a cambiar. No sucedió de la noche a la mañana, pero la sanidad llegó por capas y de forma gradual.

Hoy Stormie es una de las personas más positivas que conozco. Ha dejado las heridas atrás y decidió alentar a otros. Escribe y graba canciones y es autora de libros exitosos como *El poder de la esposa que ora*. Al negarse a permitir que su pasado la destruyera, Stormie dice: «Tengo un ardiente deseo de decirles a los que sufren que hay una forma de salir del dolor... con esperanza para sus vidas»[2].

Stormie lo sabe porque ha estado allí.

Las heridas dan lugar a la negatividad y la negatividad puede llegar a ser más dañina que las heridas en sí mismas. Como dice Dale Galloway: «En el análisis final es tu propia actitud la que te edificará o destruirá, y no lo que sea que te haya sucedido».

Tu actitud tiene un poder increíble. La actitud positiva fortalece tu fe, profundiza tu paz, añade a tu gozo y mejora tu salud en general.

Cuando estamos luchando con un dolor intenso, sin embargo, no queremos siquiera hablar de una «actitud positiva». El tema nos parece superficial, forzado y muy lejano de lo que nos rodea y lastima en este mundo.

Es posible que así sea.

Pero si permanecemos en una actitud negativa entramos en terreno peligroso. Es que la negatividad es un remolino que con facilidad puede succionarnos hasta el fondo, ahogándonos en la oscuridad. Con los años descubrí que hay cuatro verdades básicas en torno a la negatividad:

- *La negatividad viene naturalmente:* ¡No hay que esforzarse! Es más un acto reflejo que otra cosa en el momento en que estamos sufriendo. Cuanto más extensas sean nuestras heridas tanto mayor y duradera será nuestra negatividad. Cambiar esto por una actitud positiva requiere de un esfuerzo intencional y decidido. En efecto, requiere del poder del mismo Dios.

- *La negatividad nos hace sentir peor:* Es posible que los sentimientos negativos vengan con facilidad, pero solo sirven para envenenarnos. Intensifican nuestro dolor y pueden atraparnos en el oscuro pozo de la depresión.

- *La negatividad aleja a la gente:* La mayoría de las personas se mantienen apartadas de quienes siempre se muestran abatidos, negativos o cínicos. Entonces, la persona con actitud negativa queda aislada y sola. Esto hace que se sienta todavía peor, con menos valor, indigna. Es triste, pero la negatividad nos distancia de aquellos a los que más necesitamos.

- *La negatividad nos impide sanar:* La negatividad hace que mantengamos nuestra concentración en las heridas. Exagera el dolor. Cuando somos positivos buscamos ayuda y nos concentramos en la esperanza.

Aquello en lo que nos concentremos determinará nuestra manera de pensar y sentir. Con el tiempo nuestros pensamientos y sentimientos dan forma a lo que somos y a lo que será nuestro futuro.

Para ser positivos tenemos que tener la intención de serlo. No podemos controlar lo que sucedió en el pasado, lo que nos lastimó, ni nuestras circunstancias o a las personas que nos rodean. Lo que sí podemos hacer es controlar nuestra actitud. La actitud lo es todo. Hay personas que consideran a la actitud el factor más importante en la vida. Patricia Neal dice: «Una actitud mental fuertemente positiva creará más milagros que cualquier droga maravilla».

Hay personas que nacen siendo más optimistas. Detrás de cada nube vislumbran los rayos del sol y siempre ven el vaso medio lleno. Como en el viejo chiste de Ronald Reagan, si encuentran una montaña de estiércol creen que «en algún lugar tiene que haber un pony». Parecen levantarse como resortes después de cada dificultad y tienen una disposición soleada aun en los días más oscuros.

También están los otros: los que sienten que siempre hay un negro nubarrón sobre sus cabezas. Les resulta difícil ver el lado bueno de las cosas. Sea de manera natural o haciendo un esfuerzo, todos podemos aprender y desarrollar la capacidad de ser optimistas.

Deja ir el dolor

La persona sana se niega a permitir que el dolor del pasado destruya lo bueno del presente. Un antiguo proverbio japonés dice: «Deja que al pasado se lo lleve la corriente de agua». Deja el pasado en el pasado. Lo sucedido puede haber sido trágico, pero permitir que empañe tu futuro lo será más aun. El profeta Isaías dice: «Olviden las cosas de antaño; ya no vivan en el pasado» (Isaías 43:18).

Kayla fue abandonada por su madre. Para cuando cumplió catorce años había estado con ocho familias sustitutas y asistido a doce escuelas diferentes. Cuando cumplió quince años escapó y vivió en las calles durante un año. Enojada, deprimida y sin esperanzas, un día vio que se había convertido en víctima y esto la enojó todavía más.

«Ya he visto demasiadas víctimas», me dijo. «Son patéticas. Me niego a ser una víctima». Hoy, con veintidós años, Kayla es muy activa en el grupo de jóvenes de su iglesia y se inscribió en un programa de enfermería de la universidad de su localidad. Cuando le pregunté cuál era el secreto que le había ayudado a sobreponerse del enojo y la depresión dijo: «Ver que uno no puede cambiar lo que sucedió, pero que no necesita ser víctima de ello».

Cuanto más nos concentramos en las heridas del pasado, mucho más seremos sus víctimas. Las víctimas caen en las siguientes trampas:

- Se dejan abrumar por lo negativo.
- Quedan atascadas en lo negativo.
- Piensan en sí mismas como personas negativas.
- Ven el futuro como algo negativo.
- Creen que no hay salida de lo negativo.

Para escapar de esta actitud de víctima tenemos que eliminar toda autoconvicción negativa que tengamos respecto de nuestro pasado.

Debes decirte la verdad

Constantemente estamos hablando con nosotros mismos. Esta conversación interna da forma a nuestras percepciones y emociones. Para ser positivos tenemos que dejar de lado la autoconversación negativa. El apóstol Pablo escribió: «Que sus palabras contribuyan a la necesaria edificación y sean de bendición para quienes escuchan» (Efesios 4:29). Podemos relacionar esto fácilmente con lo que nos decimos a nosotros mismos, así como con lo que decimos a los demás.

Las palabras tienen poder. Lo que decimos tiene importancia. *Incluso las palabras que decimos de nosotros mismos en el silencio de nuestros pensamientos.* Porque estas palabras podrán edificarnos o derribarnos.

La autoconversación negativa ve las heridas y dice cosas como:
  Dios me está castigando.
    Lo merezco.
      La vida es injusta.
        Me detesto.
          Nada cambia jamás.
            Estoy atrapada.
              No hay esperanza.

Las declaraciones negativas hacen que nos sintamos todavía peor. Porque refuerzan la «mentalidad de víctima» y nos hunden aun más en las arenas movedizas de los pensamientos oscuros y la actitud de derrota. Hacen que sintamos autocompasión y que desarrollemos una distorsionada imagen de la realidad. Se convierten en profecías autocumplidas que lo empeoran todo.

La autoconversación positiva es como una línea de vida, que puede sacarnos del pozo de la desesperación. William James escribió: «podemos alterar [nuestras] vidas, alterando [nuestras] actitudes de la mente».

Es que cambiamos nuestra actitud cuando nuestras declaraciones son verdaderas y positivas, incluso al hablar con nosotros mismos. Estaremos entonces siguiendo el consejo del apóstol Pablo, que escribió: «Sean transformados mediante la renovación de su mente. Así podrán comprobar cuál es la voluntad de Dios» (Romanos 12:2).

Para cambiar nuestra forma de pensar podemos repetir frases como las siguientes:

Dios me ama.
Con Dios todas las cosas son posibles.
Dios quiere lo mejor para mí.
Dios me dará fuerzas.
El mundo es temporal.
Jamás estaré atrapada.
Puedo contentarme, independientemente
de mis circunstancias.

La autoconversación positiva puede cambiar nuestra actitud. Y con una actitud distinta, todo se verá diferente.

Aférrate a la lección

Nuestras heridas nos enseñan lecciones potentes. Como dijo Benjamín Franklin: «Lo que lastima, instruye». Las heridas y dificultades quizá sean las mejores experiencias que podamos tener. Y aunque muchas veces las vemos como algo negativo y resentimos su aparición en nuestras vidas, son verdaderos tesoros. Harriet Beecher Stowe, autora de *La cabaña del Tío Tom*, escribió: «Anhelo poner la experiencia de cincuenta años en sus jóvenes vidas, de una sola vez, para darles inmediatamente la llave a ese arcón de tesoros. Cada una de las gemas en este arcón me ha costado lágrimas, luchas y oraciones, pero han de esforzarse por elaborar estos tesoros interiores en ustedes mismos».

Las heridas tienen lecciones para enseñarnos y es triste cuando tenemos que soportar todo ese dolor sin llegar a ver la valiosa verdad que puede haber en nuestro sufrimiento. No son lecciones fáciles, por supuesto que no, pero aun así son preciosas en su valor. Así como las vetas de la madera le dan carácter, nuestras heridas nos dan una riqueza y profundidad que no podríamos obtener de ninguna otra cosa.

Karen Blixen tuvo tres amores en su vida. Sin embargo, cada uno de ellos le dejó heridas profundas. Su padre se suicidó cuando ella tenía diez años. Su esposo le fue continuamente infiel y le contagió sífilis, en una época en que no había tratamiento efectivo para esta enfermedad. Después de once años de infeliz matrimonio, se divorciaron. Entonces se enamoró de un hombre que resultó ser homosexual. Durante trece años fue su mejor amigo, pero era incapaz de devolverle su amor. Cuando ella tenía cuarenta y seis años, este hombre murió en un accidente aéreo.

A pesar de estas tragedias, Karen mantuvo una actitud positiva. Escribió varios libros bajo un seudónimo, Isak Dinesen, tales como *Memorias de África* y *Cuentos de invierno*. Al reflexionar sobre su vida, escribió: «Pienso que todos esos momentos difíciles me han ayudado a entender mejor que antes lo infinitamente rica y hermosa que es la vida en todo sentido».

Ve en busca del optimismo

Jesús dijo que quien busca encuentra. Si pedimos, recibiremos. Si llamamos a la puerta, esta se abrirá (Mateo 7:8). La Biblia también dice que no tenemos porque no pedimos (Santiago 4:2).

Muchas veces no tenemos salud y sanidad porque no vamos tras estas cosas con intención. Esperamos que vengan a nosotros, y luego nos enojamos o deprimimos cuando no llegan a tiempo.

Busca lo bueno y positivo.

Persíguelo.

No permitas que se te escape.

La raíz de la palabra «optimismo» implica concentrarse en lo que es mejor. ¿Qué es el optimista entonces? Es una persona que pone en práctica lo siguiente:

Ve lo mejor

En otras palabras, buscamos lo mejor en cada persona que conocemos y en cada situación que enfrentamos. Estamos rodeados de belleza y bondad. Y porque nos distraen los aspectos negativos de la vida, casi nadie llega a ver lo bello y lo bueno. Sí, hay muchas cosas malas y dolorosas en este mundo caído en que vivimos, pero también hay milagros y gran belleza. ¡Qué triste es que nos dejemos abrumar por lo malo y no logremos ver lo bueno!

Cree lo mejor

Si anticipamos lo mejor, hay oportunidad de que suceda. Este es el principio de la fe. Como escribe Pamela Reeve: «La fe es... confianza en la certeza de que Dios tiene un patrón, un plan para mi vida aun cuando todo lo demás parece no tener sentido». La fe cree que Dios está en control y que sus caminos son buenos. Creer lo mejor nos permite ver lo mejor.

Elige lo mejor

El optimismo es una elección. Podemos elegir adoptarlo o rechazarlo. Nuestro contentamiento no se basa en las circunstancias, sino en nuestras elecciones. En cuanto a mí, elijo ser positivo y optimista. Elijo la risa y la diversión. Elijo el gozo y la esperanza. Elijo la vida y elijo vivirla a plenitud.

Vive lo mejor

Vivir lo mejor implica caminar en fe confiando en Dios. Como cantaba David: «Sólo en Dios halla descanso mi alma» (Salmo 62:1). Vivir cerca de Dios es vivir en el mejor lugar, porque Él nos promete gozo, paz, fuerza, esperanza y consuelo. ¿Qué podría ser mejor que esto? Dios hará que tu vida brille. Como insistió Mary Gardiner Brainard: «Prefiero caminar con Dios en la oscuridad, que a solas en la luz».

El optimismo puede aprenderse y desarrollarse, buscarse y adoptarse. Y al hacerlo encontramos la verdad y realidad de la oración de David: «Me has dado a conocer la senda de la vida; me llenarás de alegría en tu presencia, y de dicha eterna a tu derecha» (Salmo 16:11).

Agradece a Dios por el crecimiento

Gozarse en todo lo que es bueno hace que el corazón agradecido no pueda sino sonreír. La madre Teresa, en medio del dolor y sufrimiento de los callejones más pobres de la India, dijo: «La mejor forma de mostrar mi gratitud a Dios es aceptarlo todo, incluso mis problemas, con alegría».

La gratitud nos eleva por sobre la negatividad y mediocridad de la vida. Nos da energía, excitación y nos infunde gozo. Si cada día repasamos todo aquello por lo que debemos estar agradecidos, nuestra actitud pronto cambiará. El agradecimiento fluye cuando estoy consciente a diario de que la mano de Dios está sobre mi hombro, acompañándome. El sufrimiento podrá ser duro, pero su tierna misericordia es real. Con conciencia de esto, podemos unirnos al apóstol Pablo y «ser agradecidos» (véase Colosenses 3:15).

Es fácil agradecer a Dios por los momentos buenos, pero es mucho más importante darle gracias por los momentos difíciles. Porque es a través de las heridas que logramos crecer. Agradecer a Dios por las heridas hace que avancemos, iluminando nuestra perspectiva. El optimista es quien ha aprendido el gozo que trae el agradecimiento. Cuando somos agradecidos sabemos que hemos vencido a la oscuridad de nuestro dolor.

123

Las transformaciones

La vida de Stormie era horrible. Era una víctima, pero no permaneció en esa postura. Eligió mirar hacia arriba en lugar de hacia atrás. Decidió clamar a Dios, y Él le enseñó el arte de vencer. El rey David escribe sobre este proceso de transformación al expresar lo que había en su corazón: «Puse en el Señor toda mi esperanza; él se inclinó hacia mí y escuchó mi clamor. Me sacó de la fosa de la muerte, del lodo y del pantano; puso mis pies sobre una roca, y me plantó en terreno firme. Puso en mis labios un cántico nuevo» (Salmo 40:1-3).

Dios le dio a Stormie un cántico nuevo.

Quiere darnos también a nosotros un cántico nuevo. Lo único que hace falta es que estemos dispuestos a cantarlo. De eso se trata nuestra victoria. Eso es el optimismo. Ese es el gozo de la transformación.

1. ¿En qué aspectos te ha impedido la actitud negativa sanar tan rápido como querrías?

2. ¿Cuándo tiendes a ser más negativa?

cuando estás enojada	cuando no te prestan atención
cuando estás sola	cuanto estás bajo presión
cuando sientes vergüenza	cuando sientes desaliento
cuanto tienes hambre	cuando estás cansada
cuanto todo parece injusto	cuando te pasan por alto

3. Enumera tres cosas por las que sientes gratitud. Compártelas con un amigo o amiga y agradece a Dios por cómo te ha bendecido, aun cuando las cosas sean difíciles de verdad.

4. Haz tu mejor esfuerzo por ser positiva y optimista con la próxima persona que encuentres. Observa cómo responde a tu actitud, y cómo te hace sentir esto.

Oscuridad y minas explosivas

[Steve]

Cuando esté oscuro, busca las estrellas.

ROBERT SCHULLER

¡isa detestaba su vida!

Todos los demás adolescentes podían correr y andar por allí comiendo lo que les diera la gana. Pero a causa de su síndrome de fatiga crónica y su diabetes, Lisa estaba tan exhausta que dormía casi dieciocho horas por día y tenía que controlar mucho cada cosa que ingería.

Enojada y deprimida Lisa le dijo a su familia que se sentía terriblemente mal. La vida era injusta y muchas veces la joven culpaba a sus padres, a los médicos, a sus amigos y hasta a Dios.

Con los años su salud física mejoró, pero no así su actitud. Se había vuelto amargada y negativa. Todo tenía que ser perfecto en su vida, y ella tenía que poder tener el control de todo. No confiaba en nadie. Lisa apartaba a todos y luego se quejaba de lo egoísta que era la gente porque no hacía amistad con ella.

—Si Dios no me hubiera dado un cuerpo defectuoso, no me sentiría tan terriblemente mal —decía.

—Lisa, has vencido tus problemas clínicos —le dije—. No es eso lo que te hace sentir así. Es tu actitud.

Las heridas crean dolor y oscuridad, pero el dolor puede aliviarse y la oscuridad puede esfumarse con la luz. Sin embargo, cada herida planta en nuestra vida cinco potenciales minas explosivas. Estas bombas pueden causar desastre y destrucción en nuestro corazón. Pueden explotarnos en la cara, destruir nuestra actitud positiva y dejarnos en ruinas. Pueden dejarnos incapacitados sin aviso previo, más lastimados y heridos que antes. Debemos escudriñar nuestro mundo emocional e intelectual para eliminar estos peligros.

Las heridas de Lisa le hacían la vida difícil, pero lo que más le dolía eran las minas explosivas que había pisado. Estas bombas se pueden eliminar o desactivar y revertir el daño que causaron, pero para eso tenemos que estar dispuestos a hacerlo.

Mientras hablaba con Lisa me fue evidente que había sobrevivido a sus heridas pero que sus minas explosivas mentales la estaban matando. Veamos las cinco actitudes que pueden dar por tierra con el progreso que hayamos logrado porque mantienen nuestras heridas abiertas y en carne viva.

Mina explosiva número 1: La comparación

Siempre habrá alguien para quien las cosas son más fáciles, alguien que se ve mejor o que tiene una bendición que nosotros no tenemos. Siempre habrá quien tenga algo mejor, más nuevo o más atractivo. Y cuando estamos dolidos, nos parece que todos son más felices y fuertes que nosotros. Cuanto más comparamos, menos satisfechos nos sentimos.

Las comparaciones nos hacen sentir cada vez peor, más desaventajados. Porque nos roban nuestra energía, minan nuestra moral y nos ponen un peso encima más pesado de lo que nuestros hombros, ya cargados, pueden soportar.

La verdad es que cada uno de nosotros es un ser único, con sus particulares puntos fuertes y defectos. El primero de los tres problemas que tiene la comparación es que por lo general comparamos nuestro defecto con la cualidad positiva de otra persona, y entonces la conclusión es como la de sumar peras y manzanas. En segundo lugar ¡lo que creemos ver en otros quizá no sea verdad! Solemos exagerar y sobreestimar las virtudes y cualidades positivas de los demás. Por último y por favor presta atención a esto: nuestras heridas y defectos, por dolorosos que sean, *tienen encerrados en sí tesoros y fortaleza que no podríamos obtener de ningún otro modo.* Es que nuestras heridas no nos hacen ser inferiores. Lo que sucede es que así nos hacen sentir.

Las comparaciones no dan como resultado nada positivo.

En la iglesia de Corinto el apóstol Pablo se halló enfrentando una comunidad en la que había muchos a quienes les gustaba comparar. En su carta a esa iglesia, Pablo afirmó: «Al medirse con su propia medida y compararse unos con otros, no saben lo que hacen» (2 Corintios 10:12).

Dios nos hizo como somos, y está siempre conciente de nuestras circunstancias... al detalle. No importa cuál sea nuestra dificultad. Él nos guiará y caminará con nosotros por el camino de la vida. David escribió: «Todo estaba ya escrito en tu libro; todos mis días se estaban diseñando» (Salmo 139:16).

Hacer comparaciones equivale a decir: «Dios, creo que en esto te equivocaste». A sus ojos, cada uno de nosotros tiene valor y nuestras heridas (si puedes recibir esto ahora) *aumentan* nuestro valor.

SIETE COSAS PARA EVITAR LAS COMPARACIONES

Circunstancias: Lo que les sucede a otros

Oportunidades: Las ventajas que tienen los demás

Mal paso: Los errores que cometen los demás

Pena: Lo que sufren los demás

Aptitud: Las capacidades que tienen los demás

Razones: Las causas de las heridas ajenas

Emociones: Lo bien o mal que enfrenten sus emociones

Aunque no comparemos con frecuencia estamos rodeados de gente que sí lo hace. Podemos sentir que todos están comparándonos de continuo. Muchas veces esta sensación tiene como base nuestra inseguridad, temor y paranoia. Y sin embargo, hay ocasiones en que sí nos comparan de verdad. A la gente le gusta encasillar, poner etiquetas, comparar a uno con otro. No está bien, y no es justo ni saludable, pero igual lo harán. Cuando ya estamos sufriendo, por lo general sentimos que en estas comparaciones siempre salimos perdiendo.

Sin embargo, quien nos compara no conoce toda la historia, ¿verdad? En realidad, la mayoría de las veces no conoce casi nada. No tienen todos los datos y no han estado en nuestros zapatos. Dios, por otra parte, sí conoce toda la historia. Y en cierto sentido, Jesús sí ha estado en nuestros zapatos... al hacerse hombre y caminar por los polvorientos senderos del planeta Tierra. Dios no compara. Es un Padre sabio y no hace eso. Nos acepta y ama tal como somos, con heridas, defectos y todo.

Mina explosiva número 2: Las quejas

La vida rara vez se va desarrollando como lo deseamos, esperamos o imaginamos. La realidad suele desinflar nuestros sueños como globos pinchados. ¿Qué sucede entonces cuando las cosas salen mal (algo que inevitablemente sucederá)?

A veces nos quejamos.

Nos sentimos engañados, maltratados, víctimas. En nuestro corazón esperamos que todo salga como lo esperamos, a nuestro modo. Que la vida sea fácil (o al menos más fácil de lo que es). Y en esos momentos la desilusión parece brotarnos de los labios.

Cuando hemos sufrido es fácil sentir que merecíamos un trato especial. Que nos trataran con cuidado. A veces parecería que el mundo tiene una deuda con nosotros. Porque como sufrimos creemos que merecemos algo bueno que compense todo lo malo. La gente debiera tratarnos con mayor cuidado y compasión. Tendrían que darnos un descanso. No tendrían que esperar tanto de nosotros.

Si no obtenemos aquello a lo que creemos tener derecho, nos quejamos.

¡Qué trampa es esta! La verdad, lisa y llana es que heridos o no, *no tenemos derecho a nada.* Esta declaración podrá estar reñida con lo socialmente adecuado, pero es absolutamente cierta. La vida es un regalo, y todo lo bueno es un regalo. El creernos con derecho a algo es una realidad falsa y egoísta, un sendero estrecho y peligroso que se inclina hacia la amargura.

Además, no resulta atractivo quien se queja.

Uno podría decir que hasta es feo ante los demás.

Porque la queja promueve la negatividad, la autocompasión, la infelicidad y la discordia. Helen Keller escribió que las quejas nublan la mente. Los problemas no son los que nos llevan a quejarnos, y sin embargo las quejas con frecuencia nos causarán problemas. En lugar de sentirnos mejor por haber ventilado la queja, nos sentimos peor y las dificultades de la vida comienzan a verse más abrumadoras que antes.

Enfrentémoslo, siempre tendremos algo de qué quejarnos. Pero la madurez sabe cuándo guardar silencio si la vida no va bien. Sabe que la vida está llena de penas y frustraciones, pero que la queja nos mantendrá concentrados en el problema y no en la solución. Anthony J. D'Angelo escribió: «Si tienes tiempo para quejarte y lloriquear por algo, entonces tienes el tiempo que hace falta para hacer algo al respecto».

La queja nos impide avanzar y reclamar nuestra salud emocional y espiritual. Ignora lo que tenemos y nos recuerda lo que nos falta. Nos mantiene heridos y atrapados en la autocompasión. Para crecer tenemos que seguir las instrucciones del apóstol Pablo: «Háganlo todo sin quejas ni contiendas» (Filipenses 2:14).

Mina explosiva número 3: Las críticas

La crítica es la fea hermanastra de la queja. Si la queja nos hace ser infelices y negativos, la crítica nos hace ser amargados y desdichados. La crítica destruye. Busca lo que está mal y se concentra tanto en ello que lo bueno o positivo que pueda haber queda reducido al mínimo. La crítica exagera una pequeña sombra hasta convertirla en algo tan grande como para tapar al sol. El espíritu crítico endurece nuestro corazón, profundiza nuestro dolor y aleja a las personas. Un viejo proverbio dice: «Quien critica a los demás camina solo».

La crítica es un bumerán, porque lo que arrojemos, en última instancia volverá a nosotros. Podríamos decirlo de otra forma: «El que critica será criticado». *Aunque la crítica sea precisa y exacta, rara vez logrará algo bueno.* Por lo general criticamos basándonos en alguna de estas cuatro razones:

- ⚜ Para mostrar desaprobación: No nos gusta algo o nos parece injusto, y queremos que el mundo se entere de lo que opinamos al respecto.

- ⚜ Para echar culpas: No queremos que nadie se enoje con nosotros o que piense mal, y entonces le echamos la culpa a otros.

- ⚜ Para sentirnos mejor: Nos sentimos inferiores o inseguros, y entonces buscamos defectos en los demás para no vernos tan mal.

- ⚜ Para ganar poder: Sentimos que no tenemos control ni poder, por lo que tratamos de parecer superiores sabiendo más que los demás.

No importa cuál sea nuestro motivo para criticar a otros, nunca lograremos obtener lo que en realidad queremos. Si mostramos nuestra desaprobación la gente nos verá como pequeños y miserables. Si echamos culpas la gente creerá que juzgamos a los demás. Si buscamos sentirnos mejor la gente pensará que somos superficiales o egoístas. Si buscamos obtener poder nos verán como arrogantes. El espíritu crítico disminuye y mancha el crecimiento de una actitud sana.

Lo opuesto a la crítica es el elogio, el apoyo y aliento. Si hemos sido generosos con las críticas y tacaños con el elogio, nuestra felicidad y salud nos exigirá que demos un giro de ciento ochenta grados. Pablo escribe: «Por eso, anímense y edifíquense unos a otros, tal como lo vienen haciendo» (1 Tesalonicenses 5:11). Al hacerlo nos volvemos más fuertes y saludables.

Es difícil describir el impacto que esta verdad puede tener en nuestro hogar bajo nuestro propio techo. La Biblia dice: «La mujer sabia edifica su casa; la necia, con sus manos la destruye» (Proverbios 14:1). Por favor escucha esto: No hay *nada* que derrumbe un matrimonio o familia tanto como la crítica, y *nada* que los edifique y restaure tanto como las palabras de aliento y elogio.

H. Jackson Brown, hijo ofrece un sabio consejo cuando dice: «Que el refinamiento y mejora de tu propia vida te mantenga tan ocupado como para que no te quede tiempo para criticar a otros».

Mina explosiva número 4: El cinismo

Las personas cínicas hacen que quiera llorar. Porque son tan tristes, tan desdichados que apenas pueden sonreír y entonces estos hombres y mujeres infelices se ciegan al gozo, belleza o maravilla que pudieran tener frente a los ojos.

El cinismo es una forma de suicidio: una manera lenta, dolorosa y totalmente inevitable de quitarse uno la vida. El cínico es la persona que se aferra tanto a su dolor que este le envenena. La amargura que resulta de esto, como un cáncer agresivo, crece y se expande hasta que cubre todos los aspectos del ser: lo emocional, intelectual, social, espiritual y hasta lo físico.

Las personas cínicas ven la vida como algo:

- *pesimista*
- *sin esperanzas*
- *doloroso*
- *injusto*
- *aterrador*
- *negativo*

- *deprimente*
- *cruel*
- *amenazador*
- *que desilusiona*
- *peligroso*
- *malo*

Renee había sido abusada sexualmente por su padre. Su novio de la universidad le fue infiel. Llevaba un año de matrimonio cuando volvió a casa y lo encontró en la cama con su mejor amiga. Renee quedó destrozada. Diez años más tarde su herida la había vuelto amarga. Odia a los hombres y no confía en nadie. Tiene treinta y dos años, pero parece de cincuenta. Siempre está con el ceño fruncido, y sus palabras son cortantes como el filo de una espada. Cuando le pregunté qué sería lo que pudiera mejorar las cosas dijo: «Dios me odia. Los hombres son cerdos. La vida es chiste. Porque empieza mal y empeora con cada día. No hay nada que pueda mejorar las cosas».

Renee se equivoca.

Las cosas sí pueden mejorar.

Pero si una mujer queda atascada en la comparación, la queja y la crítica, tarde o temprano el cinismo será el moho que cubra los cimientos de su vida. Para el cínico todo es un problema sin solución posible. Los problemas pequeños se alzan como obstáculos insalvables. Todo se ve mal. ¿Y los cambios? Bueno, ¡solo logran empeorarlo todo! Todo el mundo es incompetente, peligroso y representa algún tipo de amenaza personal.

El cinismo es un veneno y cada gota de este veneno puede enfermarnos. Pablo nos dice: «Abandonen toda amargura, ira y enojo, gritos y calumnias, y toda forma de malicia» (Efesios 4:31), porque conocía que la amargura está en la raíz del cinismo.

134

Como buen médico, sin embargo, el apóstol no solo identifica nuestros síntomas y dolencias, sino que nos prescribe una buena medicina. En su carta a los Filipenses escribe: «Consideren bien todo lo verdadero, todo lo respetable, todo lo justo, todo lo puro, todo lo amable, todo lo digno de admiración, en fin, todo lo que sea excelente o merezca elogio» (Filipenses 4:8).

Recuerda... con Dios *siempre* hay esperanza.

Mina explosiva número 5: La compulsividad

Muchas mujeres heridas cubren su dolor con el perfeccionismo: «Cuando estoy sufriendo tengo que limpiar», dice Sarah. «Es que me ayuda a sentir que puedo controlar las cosas si logro tener todo en perfecto orden».

Si podemos lograr que todo se vea perfecto, esto nos distrae del dolor interior que sentimos. De forma compulsiva nos esforzamos por pulir la superficie de la vida para que no sea vea su centro quebrantado e imperfecto. En muchos aspectos esto es lo opuesto al cinismo, que lo ve todo como negativo y decide abandonar. La compulsividad tiene como motor lograr que todo sea no solo positivo sino *perfecto*. Se niega a claudicar. En toda comparación se esfuerza por ser el mejor. Su queja o crítica no se dirige hacia los demás, sino hacia sí misma. Nadie puede hacer algo bien, a menos que sea perfecto.

Los objetivos de la conducta compulsiva son sencillos. Sencillos e imposibles.

- Calificaciones perfectas
- Compostura perfecta
- Cuerpo perfecto
- Actitud perfecta.
- Rendimiento perfecto
- Familia perfecta
- Casa perfecta

La mujer compulsiva cree que fracasa si no tiene «todo bien». Se desilusiona con facilidad porque rara vez las cosas resultan como ella quiere. Gran parte de esta compulsividad y perfeccionismo se basa en el miedo.

1. Miedo al rechazo

2. Miedo al fracaso

3. Miedo a ser descubierta

4. Miedo a desilusionar a los demás

Estos miedos mantienen a la persona enfocada en lo inasequible y por ello, destinada al fracaso. Aquí hay algunas formas de evitar esta mina explosiva.

Admitir que el perfeccionismo es imposible

Nadie es perfecto, y nada de lo que hagamos será perfecto. Los Perfectos Diez no existen en ninguna parte fuera de la fantasía de Hollywood. Sufrimos y estamos heridos. Esa es la realidad. Cuanto más intentemos cubrir nuestras heridas, tanto más frustrados, agotados y derrotados nos sentiremos. Además los perfeccionistas ponen nerviosos a todos. Porque no parecen reales y no podemos relacionarnos con ellos. ¿Quién puede relajarse y poner los pies sobre la mesa en una casa donde los almohadones no tienen una sola arruga, donde todo está en su lugar y no hay siquiera una mota de polvo?

Darnos permiso para equivocarnos

Debemos aceptar que los errores y tropiezos forman parte de la vida. Cometer un error no significa que seamos un fracaso total. Las expectativas de una vida sin errores son poco realistas y absurdas. Todos cometemos errores todos los días. En lugar de flagelarnos, podemos retarnos a un esfuerzo un poco mayor cada día para hacer las cosas un poco mejor que ayer.

Aceptar nuestros puntos fuertes y débiles

Todos tenemos esferas en las que nos destacamos por la excelencia de nuestro rendimiento, y otras áreas en las que de forma inevitable caemos de bruces. No necesitamos fingir que podemos con todo porque no es así y jamás lo será. *Pero está bien.* Podemos celebrar nuestras fortalezas y apoyarnos en los demás para que nos ayuden con las flaquezas que nos irritan y hasta nos resultan embarazosas.

Reconocer que nuestras heridas crean limitaciones

Las heridas dejan cicatrices. Las heridas crean cojera. Hay cosas que resultarían más fáciles si jamás hubiésemos sufrido heridas. Es necio y tonto actuar como si nuestras heridas no tuvieran importancia. Sin embargo, también es tonto claudicar a causa de nuestras heridas. En la mayoría de las situaciones hay cosas específicas que podemos hacer para minimizar las limitaciones que causan nuestras heridas. La decisión más saludable es tratarnos nuestro orgullo y buscar ayuda en amigos, pastores, consejeros, organizaciones, libros... o donde nuestro Señor, lleno de compasión, nos pueda dirigir para encontrarla.

Hacer nuestro mejor esfuerzo siendo realistas

Es importante hacer las cosas bien. Pero no hay nada tan desalentador como tratar de hacer lo que no se puede hacer. Y aunque es imposible hacer las cosas a la perfección, casi todos podemos esforzarnos y dedicar tiempo para hacer las cosas bien, o lo mejor posible. Como consejero (y amigo) aliento a las personas a esforzarse por hacer las cosas lo mejor posible, sin culparse por no lograr la perfección.

Desactivar las minas explosivas

¡No le restes importancia a estas cinco minas letales! Porque si las haces explotar, darás rienda suelta a su fuerza negativa y mortal, destrozando y derribando toda esperanza de sanidad y felicidad, quedando en una celda con barrotes de amargura duros como el hierro. Irónicamente casi nunca son nuestras heridas las que nos incapacitan o destruyen. Es lo que pasa después, cómo manejamos las minas explosivas, lo que puede tener un potencial mortal. Si lo hacemos con intención, podemos rodearlas. Si somos cuidadosos, hasta podemos desactivarlas.

La existencia de minas explosivas no significa que deba haber una explosión. Sí implica, sin embargo, que tenemos que mantener los ojos abiertos y guardar nuestros corazones. Salomón nos dio una advertencia parecida cuando escribió: «Por sobre todas las cosas cuida tu corazón, porque de él mana la vida» (Proverbios 4:23).

Amy Carmichael nació en el norte de Irlanda en 1867. Desde su más temprana edad se sintió llamada a ayudar a los pobres y a pesar de sus problemas de salud, este sentimiento se hizo más fuerte a medida que maduraba en edad. Cuando tenía treinta y ocho años, empacó sus cosas y se mudó a Dohnavur en el sur de la India. Allí salvó a más de mil niños de un destino horrible de prostitución en el templo.

Un día mientras oraba, Amy sintió que Dios la estaba preparando para algún impacto más amplio. Entonces oró: «Dios, úsame en un modo más amplio para que pueda cumplirse tu voluntad».

Al día siguiente se cayó y se rompió una pierna. También se lesionó la columna vertebral. Durante el resto de su vida,

Amy quedó confinada a la cama. Pero en lugar de comparar, quejarse o volverse cínica, lo vio como una nueva oportunidad.

Durante los siguientes veinte años, Amy Carmichael tuvo mucho tiempo para escribir, y el resultado fueron libros inspiradores e influyentes. Estas obras esparcieron su impacto más allá de la India y también perduraron después de su muerte. En medio de este doloroso confinamiento escribió: «Que no nos sorprenda que tengamos que enfrentar dificultades. Cuando sopla el viento con fuerza, las raíces del árbol se extienden para fortalecerlo de manera que resista. Así sea también con nosotros».

No podemos controlar la mayoría de las heridas que marcan nuestras vidas, pero sí podemos desactivar las minas explosivas que nos rodean. La persona sana no puede tener participación en la comparación, la queja, la crítica, el cinismo o la compulsión. Todo esto solo logra exagerar nuestras heridas y aumentar nuestras limitaciones. Entonces, aparta todo nubarrón y desactiva las minas explosivas. Al hacerlo aprendemos la verdad de las palabras de John Wooden: «Las cosas resultan mejor para quienes sacan lo mejor de cómo resultan las cosas».

Preguntas para reflexionar

1. ¿Con quién te comparas? ¿Cómo te hace sentir esto?

2. En la escala del 1 al 10 (donde 10 es el máximo), ¿qué tan crítica eres contigo misma y con los demás? ¿Cómo afecta esto tu proceso de sanidad y progreso en la vida?

3. ¿Cuáles de los siguientes temores suelen impulsarte al perfeccionismo: el miedo al rechazo, el miedo al fracaso, el miedo a que te descubran y el miedo a desilusionar a los demás?

4. Pídele a un amigo o amiga que tomando en cuenta tu vida, te mencione tres cualidades positivas. Abraza estos puntos fuertes y agradece a Dios por ellos.

Abrazada por la sanadora presencia de Dios

[Pam]

> Se puede conseguir más progreso espiritual en un momento de silencio ante la maravillosa presencia de Dios que en años de mero estudio.
>
> A. W. TOZER

No estamos hechos para soportar nuestras cargas a solas. Nuestro Padre celestial jamás tuvo por intención que sanáramos de nuestras heridas sin su ayuda. Este es el Dios que conoce todos los detalles del dolor que soportamos y que busca ser nuestro Consolador.

La palabra consuelo significa *convocar a cercanía*.

¡Qué hermosa imagen!

Pensemos en una persona que llama a otra para que se acerque. Es lo que hace Dios cuando clamamos en dolor y pena a Él y le invitamos a entrar en nuestro dolor.

Dios es absolutamente relacional. Siempre está con nosotros. También aprendemos de las cartas de amor de

Dios, la Biblia, que Dios es especialmente tierno hacia quienes tienen el corazón quebrantado. David, que fue maltratado y abusado horriblemente en su juventud, escribió: «El SEÑOR está cerca de los quebrantados de corazón, y salva a los de espíritu abatido» (Salmo 34:18).

El salmista declara a un Dios que «restaura a los abatidos y cubre con vendas sus heridas» y agrega que «se complace en los que le temen, en los que confían en su gran amor» (Salmo 147:3,11).

Aun cuando creemos que Dios está con nosotros a veces nos cuesta sentir su presencia, en particular cuando pasamos por una oscura noche del alma. El dolor tiene un modo de atontar nuestra conciencia de la cercanía de Dios justo cuando más necesitamos su afirmación. En nuestro esfuerzo por seguir adelante, podemos preocuparnos tanto por el plano humano, por lo que vemos, saboreamos, tocamos, sentimos y oímos, que perdemos el sentido del plano espiritual. Olvidamos que la esencia misma de lo que somos es el espíritu.

Dios tiene recursos para satisfacer nuestras necesidades, a los que únicamente podemos acceder en y a través de su Espíritu. Podemos decir sin lugar a duda que a veces no experimentamos la provisión de Dios porque no acudimos a sus recursos. En cambio actuamos como si tuviéramos que hacerlo a nuestro modo, como si la sanidad dependiera de nosotros. Nos asusta el dolor, y por eso nos apartamos de los demás y de Dios. Al confiar en nosotros mismos suponemos que si nos aferramos a una lista de cosas permitidas y cosas prohibidas, ejecutando la combinación apropiada de estrategias de autoayuda, lograremos mejorar.

Supongo que es una perspectiva, un camino que podemos elegir hacia la recuperación.

Pero no es un camino muy bueno.

En mi experiencia personal y profesional este tipo de actitud puede prolongar y complicar el proceso de sanidad. Los esfuerzos por recuperarnos apartados de la gracia sanadora de Dios suelen dar resultados menos que satisfactorios.

A lo largo de mis veinticinco años de práctica clínica, una y otra vez he sido testigo de cómo el Espíritu de Dios obra para producir un logro positivo en las vidas de las personas. Estas intervenciones se producían mucho más allá de la ayuda clínica que pudiera yo ofrecerles, y también mucho más allá de la capacidad de estas personas para decidir con sabiduría.

Eran logros *sobrenaturales*. Es la única explicación que encuentro. Porque estas mujeres que venían heridas pasaban tiempo a solas con Dios, llorando ante Él en su dolor, orando por sabiduría y entendimiento, leyendo su Palabra y pidiéndole que hiciera lo imposible.

Y Dios lo hace. A cada momento, para cada persona, vez tras vez.

En mis temporadas de sufrimiento, fueron mis interacciones con Dios las que aceleraron mi sanidad más que cualquier otra cosa. Estando a solas con el Espíritu de Dios, mi espíritu logró una comunicación importante. La sanidad llegó al purgar yo la tensión de mi cuerpo y alma por el camino de la oración. Vino con la lectura de su Palabra, y por tomarme el tiempo de escuchar lo que Dios me decía mientras estábamos en comunión en medio de mi oscuridad. Llegó la sanidad cuando Dios volvió a alinear mis sentimientos con mi fe. Si yo no hubiera abierto con toda intención mi corazón al

Espíritu de Dios, es probable que seguiría, inmovilizada por la abrumadora tristeza, y el miedo.

¿Cómo podemos exponer nuestras heridas al toque restaurador de Dios? Esta es una pregunta importante y que todos nos formulamos. ¿Cómo puedo posicionarme para que me abrace su sanadora presencia? A lo largo de los años he descubierto algunas respuestas que marcan la diferencia más grande del mundo.

Llamar a Dios

Cuando la vida nos propina una serie de golpes devastadores que nos dejan en medio de una terrible agonía, es difícil pensar con coherencia, y por supuesto mucho más difícil es instituir la fórmula de diez pasos que podríamos encontrar en un libro de autoayuda para recuperarnos. En nuestra tragedia de forma instintiva clamamos desde lo profundo de nuestra angustia: «*Oh, Dios... ¡Ayúdame!*».

Hasta los que no afirman tener creencia religiosa suelen llamar a Dios en sus momentos de desesperación. Yo lo llamo instinto espiritual. Porque no importa *cómo* hayamos condicionado a nuestra mente, nuestro espíritu *sabe* que necesitamos conectarnos con el Espíritu de Dios. Cuando agotamos nuestros recursos propios y nuestra confianza en nosotros mismos nos falla, instintivamente sabemos que tenemos que acudir a una fuente de auxilio que está más allá. Dios conoce con precisión nuestras aflicciones, y nos promete lo siguiente: «Me buscarán y me encontrarán, cuando me busquen de todo corazón. Me dejaré encontrar —afirma el SEÑOR» (Jeremías 29:13-14).

Observa las palabras específicas de esta promesa. A través del profeta Jeremías Dios nos está diciendo: «Cuando me busques me encontrarás».

En otras palabras: «Las respuestas a las acuciantes preguntas que te impiden conciliar el sueño por la noche... *están en Mí*. El consuelo que puede penetrar hasta el centro de tu dolor y darte la paz que sobrepasa todo entendimiento... *está en Mí*. Las perspectivas divinas que pueden alterar tu perspectiva, aclarar tu confusión, realinear tu espíritu, cambiar tu disposición y crear sanidad profunda y perdurable... *están en Mí, y solamente en Mí*».

Cuando sufrimos tenemos opciones. Podemos mirar hacia dentro con obsesión y consumirnos en nuestros conflictos, o podemos clamar a Dios pidiéndole que nos abrace con su presencia sanadora, que sea quien necesitamos que sea Él en ese momento. Apenas Dios percibe nuestro llamado, acude enseguida en nuestra ayuda.

Dios conoce nuestra fragilidad y sabe lo cruel que puede ser este mundo. Sabe cuándo somos frágiles en cuerpo y alma. Cuando nuestro mundo se derrumba y estamos tan abrumados que ni siquiera sabemos cómo orar, Dios nos dice: «Aquí estoy para ayudarte. Estoy en tu favor. Ven a mí y deja que yo sane tu corazón herido».

Dios no está callado. Él responde al clamor del corazón de su pueblo. No importa qué forma le demos a nuestro grito. Puede ser un suspiro largo y profundo, gemidos guturales, una sola palabra pronunciada hacia el cielo, párrafos de oraciones y frases incoherentes. Dios oye y entra en nuestra vida para cambiarla.

David, que soportó duras penas, habla de la fidelidad de Dios al oír y responder: «Se me estremece el corazón dentro del pecho, y me invade un pánico mortal. Temblando estoy de miedo, sobrecogido estoy de terror [...] Pero yo clamaré a Dios, y el SEÑOR me salvará. Mañana, tarde y noche clamo angustiado, y él me escucha. Aunque son muchos los que me combaten, él me rescata, me salva la vida en la batalla que se libra contra mí [...] Encomienda al SEÑOR tus afanes, y él te sostendrá» (Salmo 55:4-5,16-18,22).

David dice: «Yo clamaré a Dios, y el Señor me salvará».

Nuestra tarea es llamar. La tarea de Dios es rescatar.

Nuestra tarea consiste en llamarlo. Y su tarea consiste en obrar para articularlo todo y dar resultados.

El Señor hace poco me recordó esta división de tareas de manera amable pero como confrontación. Durante un momento de calma y silencio yo estaba escribiendo en mi diario personal, y puse: «Dios, dime ¿qué quieres que yo haga?».

Percibí la respuesta de Dios: «Tacha esa última parte, donde dice *que yo haga*».

Un tanto confundida, pregunté: «¿La parte que habla de mí?».

«Sí. Exactamente esa parte. Y escribe: «Qué quieres hacer».

A veces soy un tanto lenta, pero luego de reflexionar lo entendí. Dios quería que quitara de esa pregunta la parte que se refería a mi acción. Debía reemplazarla por la acción de Dios.

El Espíritu de Dios encendió la luz en mi oscuridad y me mostró que estaba formulando la pregunta equivocada. Mi enfoque iba en la dirección incorrecta. En cambio Dios quería que yo preguntara: «¿Qué quieres hacer tú en esta situación?».

Asombrada y un tanto divertida por lo suave y creativo que había sido Dios al señalarme mi tendencia a confiar en mí misma, seguí sus instrucciones y entonces formulé la pregunta correcta. Su respuesta alivió mi carga: «*Quiero mostrarte mi bondad*».

> Dios nunca deja de hablarnos, pero el bullicio del mundo y el tumulto de nuestras pasiones internas nos confunden e impiden que oigamos su voz.
>
> FRANCOIS FENELON

Tómate tiempo para escuchar

El diario personal puede ser un recurso valioso para encontrarnos con Dios y dejar atrás nuestro dolor. Si nunca llevaste un diario personal, te sorprenderá ver cuánto te ayuda hacerlo. No pienses aquí en una agenda de actividades, sino en un registro de tus pensamientos, oraciones y de las cosas específicas que percibimos que Dios nos dice. Sentarse a escribir y registrar nuestras confusas emociones y pensamientos hace que nuestra tensión acumulada se vaya descomprimiendo. Porque al ver lo escrito sobre un papel frente a nuestros ojos, obtenemos claridad y podemos entender mejor qué pasa en nuestro interior.

Me gusta registrar mis pensamientos y sentimientos en forma de oraciones. Primero le hablo todo esto a Dios y luego escucho. Él nos invita a hacerlo. Dice: «Escúchenme bien, y comerán lo que es bueno, y se deleitarán con manjares deliciosos. Presten atención y vengan a mí, escúchenme y vivirán» (Isaías 55:2-3).

A lo largo de los años he descubierto que lo esencial no es tanto lo que yo le digo a Dios sino lo que Él me dice. A veces lo que Dios le dice a mi espíritu puede ofender a mi mente porque no encaja con mi lógica, con lo que supongo que debe ser. Sin embargo, lo que Él me dice promueve salud. Y aunque la verdad duela, me sana.

Una tarde estaba dolida por pérdidas recientes, sintiéndome aterrada por el futuro que me parecía incierto. Escribí en mi diario personal: «Dios, *detesto* estar en este lugar. Es oscuro y me da miedo...» Escribí varios párrafos más y luego terminé con: «Para colmo de males estoy harta de sufrir y llorar».

Sentí alivio al expresar con sinceridad lo que tenía, sin censura. Cuando puse el punto final a mi última oración, por mi mente pasaron estas palabras: *No quiero que llores. Quiero que confíes.*

Esa idea me dio de lleno entre los ojos. Es que el Espíritu Santo me estaba dando una tarea que parecía contradecir mi formación profesional, mi experiencia de vida. Después de todo es normal llorar cuando perdimos algo querido. Pero en el silencio del momento, conocí la voz de mi Padre y sus palabras fueron vida para mi alma. He aprendido que hay momentos en que las instrucciones de Dios no están en línea con el razonamiento humano, y que me convenía prestar atención a lo que Dios estaba diciendo porque siempre sería por mi bien.

En los meses que siguieron a ese encuentro me esforcé mucho por tomar una postura de confianza en Dios, en particular cuando se agudizaba mi dolor. Escribí: «Confía en Dios, Pam... confía en Dios... Él hará lo que dijo que haría... Él hará lo que tú no puedes hacer... Nada más confía en Dios».

Ahora me es más obvio, ahora que han pasado años veo que estas palabras dadas por el Espíritu promovieron la sanidad en mí y me protegieron de caer en un pozo sin fondo, lleno de depresión y autocompasión.

Da resultados tomarse tiempo para escuchar. Porque podemos escuchar en cualquier momento y lugar, ya que Dios está con nosotros las veinticuatro horas del día esperando ansioso por un oyente dispuesto. Algunas de mis mejores conversaciones con Dios ocurrieron mientras caminaba por nuestra vecindad, tratando de aliviar la tensión de mi cuerpo y los problemas que acosaban mi alma.

Echa la tensión hacia fuera

Lo admito. Soy adicta. Adicta al poder de Dios, adicta a la oración, adicta a su voz y respuestas.

Si no hubiera sido por el apoyo de la oración de mis compañeras de caminatas en mis años de mayor oscuridad, quizá hubiera perdido la cordura. Cada semana recorríamos los kilómetros de pavimento mientras nuestras oraciones bombardeaban el cielo. Yo oraba. Mis amigas oraban. De ida y de vuelta hablábamos con Dios en voz alta, pidiendo su divina intervención en asuntos propios o de otras personas. El alivio llegaba a medida que echábamos fuera la tensión al buscar a Dios.

Recuerdo una tarde mientras oraba, caminando mis habituales ocho kilómetros Estaba preocupada por mi hija. Su recuperación era lenta como el paso de una babosa que intenta cruzar una calle bajo el abrasador sol del verano. Mientras caminaba Dios me oyó decir: «Dios, siento que ya no puedo más. No veo demasiados cambios y no sé cómo ayudarla. ¿Estoy haciendo lo suficiente? ¿O hago demasiado? Muéstrame, Dios. Necesito saberlo».

En un instante se abrió una imagen en mi mente. Vi una enorme caja de herramientas, con cientos de utensilios. (Soy visual, aprendo mejor así y Dios logra llamar mi atención por medio de imágenes). Sentí que Dios estaba diciendo: *«Pam, eres solamente una herramienta que uso para dar forma a su vida».*

En mi confusión yo había preguntado algo y la respuesta de Dios apelaba a mi más profunda necesidad. Él sabía que estaba haciéndome cargo de la gran responsabilidad del bienestar de Jessie. Me recordó que Él es Dios. Que la sanidad de mi hija dependía de Él, no de mí, y que yo era sencillamente una persona que Él utilizaba en este proceso. Dios me llamaba a poner a Jessie de vuelta en sus manos (por enésima vez) y a confiar en Él una vez más.

En total abandono clamé:

Bueno, Dios. Entiendo lo que me dices... la sanidad que anhelo en la vida de Jessie no depende de mí. La tarea es demasiado grande para mí. ¡Pero para ti no lo es! Tú eres el Dios de Jessie y estás obrando en su vida. Me prometiste que la buena obra que comenzaste en ella se completará. Lo que inicias lo completas. Veo ahora que soy simplemente una de las muchas herramientas que estás usando. Te entrego mi ser, lo entrego a tu plan, a tus tiempos y a tus resultados. Creo que eres el Dios que obra milagros. Una vez más pongo a Jessie en tus amorosas manos, confiando en que eres su Dios... nuestro Dios, y que nos asombrarás con tu bondad.

En retrospectiva (¿no es sorprendente la retrospectiva?), puedo ver con claridad que cuanto más confiaba en Dios tanto más confiable le encontraba. Cuando más me apoyaba en Él, tanto más apoyo me brindaba. No era la confianza en sí lo que me daba paz. Era aquel en quien yo confiaba. Al tomarme tiempo para permanecer quieta y callada, Él aumentó mi conciencia de su invisible e innegable presencia.

Pude experimentar a Dios como mi Paz.

Cuanto más percibía su cercanía, tanto más fácil me era dejar de confiar en mí misma. Cuanto más me concentraba en la capacidad de Dios, menos abrumada me sentía por mis propias incapacidades. Cuanto más me recordaba lo que es el poder soberano de Dios, menos me intimidaba aquello que no podía controlar. En todo esto estaba yo obligando a mis propios pensamientos a pasar a segundo lugar, para ir detrás de mi fe.

151

Declara tu fe

Poco después de la difícil llegada de Nathan a este mundo, me di cuenta que la fe representa diferentes cosas que tengo que hacer cuando me da miedo el futuro y me abruma la realidad del presente.

La fe implica:

- Entregarme por entero a Dios

- Confiar por completo en Dios

- Creer en Él en toda humildad

Cuando alguien nos lastima sentimos que somos vulnerables a todos esos «qué pasaría si...» que nos dan vuelta en la cabeza. Mejor es volver la cabeza hacia atrás, para mirar al cielo y elevar las manos en total entrega diciendo: «Dios, pase lo que pase me entrego a ti en toda confianza y humildad».

Es en esta postura de fe que podemos recibir lo que necesitamos de Dios.

Cuando sufrimos pena o salimos de las sombras de la oscuridad de una difícil temporada en la vida, nuestra confianza está débil. Porque las heridas rompen nuestras defensas psicológicas y suelen crear crisis de fe. Encontramos que hacemos preguntas que ni siquiera se nos ocurrirían en las épocas buenas:

- ¿Dónde está Dios?

- ¿Me ama Dios?

- ¿Por qué pasó esto?

- ¿Qué cosa buena podría resultar de algo tan malo?

Nuestra confusión emocional puede distorsionar nuestra percepción espiritual. Hacer frente al dolor de nuestras heridas requiere de nosotros una tremenda cantidad de energía mental. Si recién has sufrido una herida, por favor otórgate gracia. Date tiempo para procesar el dolor y ponte en posición de recibir de Dios lo que te hace falta para recuperarte. Pídele a Dios que te dé un espíritu de fe que te permita abandonarte y entregarte a Él en confianza y humildad.

Mientras nuestras heridas sanan habrá momentos en que nuestras emociones buscan dictarnos qué decidir, empujándonos hacia el desaliento. Debemos recordar que la fe y los sentimientos no son la misma cosa. Podemos seguir firmes en nuestra fe, por malos que sean nuestros sentimientos. En lugar de permitir que nos gobiernen las emociones podemos destronarlas con la verdad de la Palabra de Dios. Sencillamente proclamamos lo que Dios dice cuando estamos sufriendo. Esto obligará a nuestra alma a rendirse a nuestro espíritu, y a nuestros sentimientos a someterse a la fe. Espero que mis declaraciones de fe, que enumero a continuación, te inspiren a formar tu propia lista... y que descubras el gozo que nos pertenece cuando la verdad nos hace libres.

Fe contra Sentimientos

A lo largo de los años he fortalecido mi fe usando recordatorios como estos...

Cuando tus **sentimientos** digan: «Dios te abandonó, a Él no le importas, ahora estás sola...», entonces tu **fe** dirá: «En el reino de Dios todo se basa en las promesas y no en los sentimientos».

Cuando tus **sentimientos** digan: «La gente te destituirá. No confíes en nadie...», la **fe** te dirá: «Dios es mi Redentor. Él me restituirá lo que me hayan robado de un modo u otro».

Cuando tus **sentimientos** digan: «Lo estropeaste todo. Todos hablan de ti. Tu reputación quedó manchada para toda la vida...», la **fe** dirá: «Dios enderezará las cosas cuando se digan falsedades en contra de mí».

Cuando tus **sentimientos** digan: «Quedarás postergada para siempre...», la **fe** te dirá: «Mis tiempos están en manos de Dios. Sus planes para mí se cumplirán puntualmente».

Cuando tus **sentimiento**s te digan: «Si Dios te amara de veras, te daría lo que quieres...», la **fe** te dirá: «Dios siempre obra por mi bien».

Cuando tus s**entimiento**s te digan: «No puedes confiar en Dios. Mira cómo te decepcionó...», la **fe** te dirá: «Dios ha probado ser confiable al enviar a su Hijo para que muriera por mí en la cruz».

Cuando tus **sentimientos** te digan: «Tus cicatrices determinarán cómo será tu vida desde ahora...», la **fe** te dirá: «Le soy útil a Dios no a pesar de mis heridas, sino a causa de ellas».

Nuestras heridas, por dolorosas y difíciles de soportar que sean, no tienen por qué definirnos ni determinar nuestro futuro. En cambio pueden llegar a ser una oportunidad para que experimentemos la sanadora presencia de Dios, lanzándonos a un entendimiento más profundo de los modos interactivos que emplea su Espíritu. Malcolm Muggeridge nos recuerda: «El Consolador solo necesita que lo llamemos. La necesidad es el llamado, el llamado es la presencia y la presencia es el Consolador, el Espíritu de Verdad».

Recuerda, todo en Dios tiene que ver con la relación. Al entrar en comunión con Él en nuestro dolor, se da un intercambio. Nuestro espíritu se conecta con su Espíritu y la esencia de su ser nos renueva. En los lugares fracturados de nuestras vidas, reemplazamos nuestro dolor por su provisión. Llegamos entonces a conocerle como aquel que sostiene y sana al quebrantado. Al persistir en su presencia el Espíritu habla verdad a nuestro espíritu, alterando de forma radical nuestras percepciones, aquietando nuestras emociones y transformándonos de adentro hacia fuera.

La respuesta de Dios ante nuestro sufrimiento siempre es: «Ven a mí».

Él es el Maravilloso Consejero, y no tiene igual.

Cuando vienes ante Él como Maravilloso Consejero, cuando sientes sus brazos que te rodean, conocerás a tu Dios con un nombre más.

Príncipe de Paz.

1. ¿Bajo qué circunstancias es más probable que llames a Dios?

2. Cuando hablas con Dios, ¿de qué manera esperas que te responda?

3. ¿En qué modos suele guiarte Dios?

a través de las circunstancias	a través del sentido común
a través de las personas	a través de las Escrituras
a través de «una voz quieta y suave»	a través de sueños
a través de la paz en tu corazón	a través de imágenes
a través de la pasión	a través de palabras

4. Encuentra un lugar tranquilo en tu casa, jardín o parque de tu vecindad donde puedas disfrutar de total soledad. Tómate treinta minutos para estar en silencio y pídele a Dios que te hable. Si te sientes atascada, intenta lo siguiente:

   ⊙ canta una canción de alabanza

   ⊙ concéntrate en la obra de Dios en la naturaleza

   ⊙ lee un pasaje de las Escrituras y espera a que Dios venga a tu encuentro

El consuelo de quienes nos quieren

> Oh, el consuelo, el inexpresable consuelo
> de sentirse a salvo con una persona...
>
> DINAH MARIA MULOCK CRAIG

«**m**e sentía sola, culpable, sucia, llena de miedo» escribe Lee Ezell en su autobiografía *The Missing Piece*.

Lee había sido violada, quedó encinta y se encontraba sola y sin amigos en una ciudad que no conocía. Confundida y desesperada, esta chica de dieciocho años conoció a Mamá y Papá Croft en una iglesia local.

Cuando Mamá Croft se enteró de la situación de Lee, le dijo: «Ahora, no te preocupes por nada. Mamá Croft cuidará de ti. Te prepararemos un lugar para dormir en nuestra casa y te quedarás con nosotros hasta que nazca tu bebé».

Y así fue. Lee se mudó a la casa de los Croft, donde la amaron, aceptaron y cuidaron. Años más tarde escribió: «Los Croft eran Buenos Samaritanos de la época moderna. En realidad no tenían lugar para mí en su casa, pero hicieron espacio... Tenían el poco frecuente don de la generosidad, porque su mundo era tan grande que siempre había lugar para los que necesitaban o eran rechazados por los demás... Aquí me sentí en paz por primera vez en muchos meses».

Lee sabía cómo llegar a los demás, y por eso los demás podían llegar a ella. Si Lee se hubiese aislado por completo, encerrándose en un cascarón protector, si no hubiera buscado conectarse con otros en esa iglesia local, la vida podría haber sido muy, muy distinta para ella. E infinitamente más difícil. Jamás habría encontrado a una pareja de personas mayores y amorosas que llegaron a ser casi como padres para ella, y tendría que haber enfrentado sus heridas y dificultades sin ayuda alguna.

En los años que siguieron Lee se casó, fue feliz, y llegó a ser una escritora, disertante y personalidad de la radio reconocida por todos.

Sin embargo, Lee Ezell jamás olvidó que en los momentos en que la vida es más difícil es cuando más necesitamos de los demás.

Cuando estamos heridos nos sentimos desconectados de los demás. A veces querríamos escapar y ocultarnos en algún lugar. Y aunque en secreto anhelamos estar en compañía, no lo demostramos y no confiamos porque tememos volver a sufrir todavía más. Nos sentimos vulnerables, quebrantados, inferiores, vigilantes e inseguros.

Aunque en verdad, lo que sucede es que tenemos miedo, nada más.

Incluso cuando nos haya herido una persona y aun cuando es posible que alguien vuelva a herirnos, seguimos necesitando de los demás. El contacto con los demás es esencial para nuestra sanidad y salud. Para crecer hace falta volver a confiar, extendernos hacia los demás permitiéndoles a la vez que lleguen a nosotros.

¿Todavía no estás convencida? Aquí tienes seis formas en que se demuestra nuestra necesidad de los demás.

1. Estar en compañía

«La soledad está al acecho en las sombras de la adversidad», escribió Norman Vincent Peale. Cuando nos sentimos solos, sentimos que nos han abandonado, apartado, excluido. Nos sentimos aislados y nos preguntamos si habrá alguien allá afuera que quiera pasar tiempo con nosotros. Irónicamente, cuando sufrimos erigimos un muro que nos separa de los demás y los mantiene a distancia por mucho que anhelemos compañía con todo el corazón.

Nos hace falta estar con los demás para poder crecer y salir de adentro de nosotros mismos.

Nos hace falta estar con los demás para compartir esperanzas, temores y lágrimas.

Nos hace falta estar con los demás para poder reír cuando la vida se vuelva demasiado seria y poco agradable.

Nos hace falta estar con los demás para salir de nuestro escondite y calentarnos a la luz del sol.

Necesitamos compañía cuando hemos sido heridos, pero esta tiene que ser compañía de la sana. Por supuesto que la gente podrá ayudarnos, pero también podrán herirnos todavía más. Dos de los más grandes peligros en las relaciones son cuando tratamos de *apartar a todo el mundo* y, lo opuesto, cuando intentamos *acercar a todo el mundo.*

Cuando sufrimos y estamos heridos podemos llegar a ser sobreprotectores de nuestros sentimientos. Como la idea de volver a sufrir una herida es casi insoportable, nos volvemos desconfiados y hasta temerosos de quienes tratan de acercarse. Erigimos altos muros buscando escudarnos ante el dolor potencial.

También puede suceder todo lo contrario, cuando nos sentimos tan solos y quebrantados que abrazamos a todo el que nos muestra siquiera un atisbo de afecto o aceptación. Dejamos que se acerquen demasiado y demasiado pronto, antes de saber si son personas sanas, seguras y confiables.

Ambas posturas son peligrosas. No tenemos que erigir muros, pero (lamentablemente) tampoco podemos confiar en cada persona a la que conocemos. Debemos ser sabios, acercándonos a las personas positivas y construyendo relaciones positivas, pero manteniendo saludables límites con quienes pudieran ser dañinos o poco seguros.

Por supuesto que todo esto puede sonar lógico, pero del dicho al hecho... puede resultar muy difícil hacer esto para quien está sufriendo. Pensar en estas cosas puede parecer un obstáculo insalvable en ciertas épocas de nuestras vidas.

En tales temporadas, Dios quiere que sencillamente le pidamos a Él la sabiduría necesaria dejando que Él nos guíe. «Cuando ya no me queda aliento, tú me muestras el camino» (Salmo 142:3).

2. La necesidad de afecto

Todos tenemos momentos en que añoramos el consuelo o aliento de alguien que nos quiera. En esa situación sentimos que nuestra vida está en su punto más bajo. Nuestro dolor quizá sea demasiado grande y queremos abandonar. El mundo puede parecer oscuro, vacío y cruel al punto de que nos preguntemos para qué seguir intentando. Quizá quisiéramos gritar o llorar o sencillamente acurrucarnos en un rincón y desaparecer.

Cómo ansiamos sentir que alguien nos cuida en ese momento... alguien bondadoso y gentil que nos eleve y nos saque del pozo de miedo, depresión, enojo, culpa y vergüenza. Cuando la escritora Patsy Clairmont llegó a este punto, descubrió que «la esperanza viene bajo la forma de una compañera que nos rodea los hombros con el brazo y ofrece ayudarnos a avanzar, temblorosos, hacia un cambio. Esa noche... oí que la esperanza susurraba: "No estás sola"».

Justo hoy hablé con una señora que acababa de pasar por una terrible crisis personal. «Me sentía tan sola», dijo recordando. «Llamaba a otros pidiendo ayuda, pero no encontré a nadie. Lo único que quería era que alguien, cualquiera, me dijese que todo iba a estar bien».

Así es cuando uno sufre dolor emocional profundo. Uno busca a los demás porque siente que si no lo hace morirá. En ocasiones habrá quien nos responda y ese contacto nos consuela aunque sea por un momento. Y otras veces encontramos que el único que responde es Dios mismo, que nos acerca a Él en un abrazo como nunca antes sentimos.

La mayoría de las veces le agrada al Padre dispensar su esperanza y ayudar a través de los corazones, manos y voces de sus hijos e hijas. Hemos de «animarnos unos a otros» (véase 1 Tesalonicenses 4:18), porque la necesidad de consuelo y ánimo es una de las más grandes cuando sufrimos. Cuando alguien nos aplica ese ungüento de gracia nuestro corazón se ablanda y nuestro cuerpo se relaja. De repente podemos ver más allá del dolor y oír la suave melodía de un mañana mejor.

Palabras

El consuelo y aliento vienen en al menos tres paquetes, todos por igual poderosos. Las *palabras* de alguien pueden hablarle a nuestra vida, elevándonos por encima de la desesperanza, diciéndonos algo así como «Eres amada» o «Creo en ti» o «Dios te usará grandemente».

Las palabras pueden cambiar vidas. Como escribiera Salomón hace unos tres mil años: «una palabra amable lo alegra [al hombre]». Y también: «Panal de miel son las palabras amables» (Proverbios 12:25; 16:24).

Contacto

El suave *contacto* de una mano afectuosa puede calmar nuestro corazón apesadumbrado, eliminando el frío de la soledad. Hay momentos en que todos necesitamos la suavidad del contacto humano: un abrazo firme, un brazo que rodea nuestros hombros, una palmada en la espalda, una mano que tome la nuestra. En realidad, sin esto podríamos sencillamente marchitarnos y morir.

Un amigo mío que acababa de perder a su esposa, una mujer de mediana edad enferma de cáncer, luego de veinticinco años de matrimonio me dijo que durante varios meses, varias de las mujeres de la iglesia se dedicaron sencillamente a proveerle de abrazos. Sin sentir vergüenza ni dudarlo, sin decir nada, sin preocuparse por las apariencias, estas dos o tres mujeres sencillamente se acercaban y lo abrazaban durante unos treinta segundos. De todas las cosas buenas y generosas que recibió en esa buena iglesia durante los terribles meses de su duelo, estos abrazos, este contacto físico significó más que cualquier otra cosa para él.

Henri Nouwen escribe: «Cuando sinceramente nos preguntamos quién es la persona más importante en nuestras vidas, solemos ver que es aquella que, en lugar de darnos consejos, soluciones o curas, prefiere compartir nuestro dolor y tocar nuestras heridas con mano suave y tierna».

Presencia

A veces lo único que necesitamos, o siquiera aceptamos, es la *presencia* de alguien. Las palabras pueden ser maravillosas, pero a veces podrán estorbarnos. El contacto humano nos afirma, pero también puede asustarnos. En ocasiones el consuelo y aliento tomarán su mejor forma bajo la presencia de alguien que sencillamente se queda junto a nosotros. Una presencia silenciosa, que nos afirma, puede ser uno de los mejores regalos. Como escribe David Augsburger: «Es mucho más fácil decirle a alguien qué hacer con sus problemas que permanecer a su lado en su dolor».

163

CÓMO CONECTARSE CON LOS DEMÁS

1. *Reconoce tu necesidad.*

   Cuando la vida sea difícil necesitarás más a las personas. Te brindarán el consuelo, aliento y perspectiva que tanto necesitas.

2. *Corre el riesgo.*

   Puede ser que te sientas incómoda o asustada al buscar conectarte con los demás. Encontrarás cien razones para esconderte en tu cascarón, pero lo que te hace falta es salir y extenderte hacia los demás.

3. *Llama a un viejo amigo o una vieja amiga.*

Tienes amigos y amigas de toda la vida, o parientes en quienes puedes confiar. Llama a uno de ellos aunque no se hayan visto o hablado durante un tiempo.

4. *Involúcrate.*

Encuentra una causa, una iglesia, un grupo de estudios, un club o comité donde estés en contacto regular con otras personas. Entonces entra con ganas, sea que quieras hacerlo o no. Recuerda que los sentimientos siguen a las acciones.

5. *Anótate como voluntaria.*

Sal y presta ayuda voluntaria a otros. Mantente activa, sé sociable. Al rodearte de personas te sentirás mejor.

6. *Cuídate de las relaciones por Internet.*

La persona que está sufriendo es más vulnerable. Toma en cuenta que las relaciones por Internet pueden ser engañosas.

7. *No te permitas caer en la autocompasión.*

Es fácil sentir lástima por uno mismo cuando se sufre. Pero esto empeorará las cosas.

8. *Pide a Dios que te guíe.*

Ora pidiendo a Dios que te traiga a la mente una persona u oportunidad que te presenten una conexión positiva.

3. Ayudarnos a crecer

Estamos más abiertos al crecimiento cuando hemos tocado fondo. En esos momentos vemos que con apósitos y remedios aguachentos no podremos sanar. En verdadera desesperación y casi al borde de la locura vemos que no podremos salir adelante por nuestros propios medios.

La desesperación hace que estemos dispuestos a aprender de otros.

Necesitamos a alguien que tenga una linterna y alumbre el camino para que salgamos de la oscuridad. La mujer junto al pozo de agua era una marginada, atrapada en un patrón de matrimonios fracasados, conviviendo con un hombre que no quería o no podía comprometerse con ella. Perdida y sola, rechazada por las personas respetables de su aldea, estaba dispuesta a que se le mostrara un rumbo nuevo. Anhelaba que alguien «le explicara todo».

A solas junto al pozo ese día de intenso calor, Jesús suavemente se le acercó y dijo: «Si tan solo supieras el don que Dios tiene para ti [...]» Le ofreció aliento y la trató con respeto. Luego le explicó que ella estaba buscando amor en los lugares equivocados. Le mostró que Dios puede sanar un corazón herido. Le dio esperanza y rumbo. La mujer se fue llena de gozo y excitación, como no había sentido en años, quizá en su vida entera (véase Juan 4:1-30).

Cuando estamos demasiado cerca de nuestro dolor y problemas, con frecuencia no vemos la salida aunque esté frente a nosotros. Esto no significa que seamos estúpidos o incompetentes. Significa que estamos cegados por nuestras heridas y dolor. Necesitamos a alguien con una perspectiva más objetiva, o con mayor experiencia en la vida que se acerque, nos tome de la mano y nos lleve a un lugar mejor.

En un mundo perfecto, estas personas vendrían a nosotros.

En un mundo perfecto, la gente llena de afecto vería al que sufre y correría en su ayuda.

Pero como sabemos, nuestro mundo dista de ser perfecto. Por eso, en lugar de esperar que otros vengan hacia nosotros en medio de nuestra pena y dolor, tendremos que acudir nosotros en busca de ellos. Debemos buscar personas sabias, llenas de gracia, positivas, que nos guíen, dirijan, aconsejen, entrenen, enseñen, asesoren, que sean nuestros mentores. Esto nos ayuda a avanzar hacia la sanidad y nos protege del peligro de caer inadvertidamente en un dolor mayor. Como escribió Salomón: «Cuando falta el consejo, fracasan los planes; cuando abunda el consejo, prosperan» (Proverbios 15:22).

Rut se apoyó en su suegra, Noemí, cuando no sabía adónde ir o qué hacer. Ester buscó el consejo de su padre adoptivo, Mardoqueo, cuando las cosas se pusieron difíciles. Hasta María, la madre de Jesús, fue a ver a su prima Elisabet cuando se enteró de su embarazo no planificado (Rut 1:3; Ester 2:10-11, 19-20; Lucas 1:39-56).

No permitas que el orgullo, la timidez o la vergüenza te impidan conseguir la ayuda que necesitas para crecer y llegar a ser todo aquello que Dios sabe que puedes ser. Todos necesitamos ayuda, y todos necesitamos crecer. Cuando sufrimos, sin embargo, esta ayuda es crucial. Aunque parezca elusiva y aunque no la encontremos tan rápido como lo esperamos, vale la pena buscar ayuda.

En este momento quizá estés necesitando el consuelo, el toque alentador de alguien y quizá mañana seas tú quien ayude. Pablo habla de las mujeres ancianas que acuden a ayudar y enseñar a las mujeres más jóvenes y les indica que deben «ser sensatas y puras, cuidadosas del hogar, bondadosas» (Tito 2:5).

Hay momentos en que todos necesitamos que alguien venga junto a nosotros.

Hay momentos en que alguien necesitará que nosotros vayamos a su lado.

CARACTERÍSTICAS DE UN SÓLIDO ENTRENADOR DE VIDA

Desarrolla capacidad de comunicación

Asiste en la solución de problemas

Mejora las relaciones

Alienta a establecer metas

Desafía el pensamiento negativo

Identifica patrones de conducta autodestructiva

Alimenta el crecimiento espiritual

Promueve la madurez

Celebra las virtudes y el potencial personal

Fortalece el carácter

4. Orar por nosotros

Cuando sabemos que alguien está orando por nosotros, sea que nos estén dando la mano o que se encuentren del otro lado del océano, esto nos ayuda a aliviar el dolor. Cuando alguien ora por nosotros invita a Dios a tocarnos. Bruce Wilkinson escribe: «La oración es el camino a la bendición de Dios». La oración es la solución a todos los problemas. Porque pone la mano de Dios sobre nuestro hombro y nos dice que Él no se ha olvidado de nosotros. Me encanta lo que Pablo le dice a su amigo Timoteo: «Al recordarte de día y de noche en mis oraciones» (2 Timoteo 1:3). ¡Qué conexión! ¡Qué forma de dar ánimo!

Lo que da la oración

—*Protección* *Él será nuestro refugio*

—*Propósito*   *Él tiene planes más grandes para nosotros*

—*Poder*   *Su poder nos llenará*

—*Provisión*   *Él satisfará todas nuestras necesidades*

—*Perspectiva* *Él conoce y ve todas las cosas*

—*Paz*   *Él promete darnos la paz que sobrepasa todo entendimiento*

Cuando alguien ora con nosotros o por nosotros, está invitando a Dios a entrar en nuestra vida. Como escribió Oswald Chambers: «Dios entra donde empieza mi falta de capacidad, donde está mi indefensión». Sabemos que necesitamos con desesperación la ayuda de Dios. Sin embargo, cuando el dolor es grande a veces sentimos que Él está lejos. Nuestras oraciones no parecen cumplir con su cometido y nuestras palabras suenan como un desperdicio de aliento. En momentos como estos anhelamos que alguien interceda por nosotros, que ruegue por nosotros. Necesitamos que alguien nos dé un empujoncito de oración para que podamos dar un primer paso. Queremos gritar como David: «Apresúrate, oh Dios, a rescatarme; ¡apresúrate, Señor, a socorrerme!» (Salmo 70:1). Pero nuestros esfuerzos se convierten en murmullos sin sentido. Cuando alguien más grita, podremos añadir nuestro «Amén», y la niebla comienza a levantarse.

Todos los días alguien me pide que ore por ellos, sea por teléfono o en persona. Hay gente que lo pide sin dudar, otros con miedo o cierta timidez. No importa si mi día es ajetreado. Siento que es un gran privilegio orar con alguien o por alguien.

No hay mayor poder en el universo que el poder de Dios.

No hay mayor amor en toda la creación que el amor de Dios.

Y no hay nadie en ninguna parte que se preocupe más por los detalles más minúsculos de nuestras vidas, que Dios mismo. Este es aquel a quien traemos a nuestros amigos heridos. Y este es aquel que nos tocará en los lugares más profundos de nuestro dolor, trayendo sanidad cuando otros oran por nosotros. ¡Qué fuerza tan potente! Nos conecta con los demás y con el Maestro y Amo de todo el universo. Sin esto estamos desconectados de toda esperanza.

Por eso todos necesitamos pedir oración y sostener a otros con oración firme y sostenida. Como dice el viejo proverbio: «La oración es la llave que abre la mañana y el candado que cierra la noche».

5. Devolver a los demás

Sally iba por su cuarto matrimonio cuando la llamé y le pregunté si podría ser mentora matrimonial para una pareja recién casada. Rió:

—Dr. Steve, ¿es una broma? Usted conoce mi historia. ¿Por qué se le ocurrió que fuera yo?

—Pensé que serías una mentora excelente —le dije—. Tú y Jake han estado casados durante doce años y conoces de primera mano el dolor de una ruptura. Así que dime, Sally... ¿qué es lo que aprendiste de tus divorcios?

Sally dudó un momento y luego dijo:

—Bueno, aprendí que hay que comprometerse, y no molestarse cuando las cosas no salen como uno quiere. Aprendí que si uno no se esfuerza día a día, el matrimonio se derrumba. Pero si uno hace este esfuerzo, todo mejora.

—Es lo que quiero que les enseñes a estos recién casados.

Devolver a los demás hace que nuestras heridas cobren sentido. Nos conecta con los demás como mentores y entrenadores y no como víctimas. Cuando Henri Nouwen habla del «sanador herido», está brindándonos la potente paradoja que nos da esperanzas. Porque es a través de nuestras heridas que muchas veces podemos ofrecer la ayuda más genuina, transformadora de vidas.

Hace poco leí una historia sobre un hombre y una mujer que habían perdido a sus cónyuges a causa del cáncer. El hombre describía su soledad y dolor, y la mujer comenzó a llorar sin consuelo. Entonces, él le rodeó los hombros con su brazo y lloraron juntos.

Es fácil que nuestras heridas hagan que nos aislemos y ocultemos en la autocompasión y la protección. Sin embargo, estaremos desperdiciando nuestra experiencia. Pablo escribió: «y si somos consolados, es para que ustedes tengan el consuelo que los ayude a soportar con paciencia» (2 Corintios 1:6).

Pienso en Lisa, que trabaja con adolescentes problemáticos. En Teresa, que es voluntaria en un refugio para mujeres, y en Kia que enseña en clases de recuperación para mujeres que pasaron por un aborto. ¿Por qué hacen lo que hacen estas mujeres? Es porque han estado del otro lado. Pero no solo llevan consuelo y sabiduría a las vidas de otras mujeres y muchachas, sino que también cosechan beneficios para sí mismas. Como dijo Flora Edwards: «Al ayudar a los demás, nos ayudamos a nosotros mismos porque lo bueno que demos completa el círculo y vuelve a nosotros».

6. Nos necesitamos

Nuestras heridas nos obligan a enfrentar nuestra necesidad de los demás. Todos necesitamos apoyarnos en alguien, en alguien que trate de entender. Necesitamos personas que nos amen y a quienes podamos amar. Un mundo sin relaciones sería un mundo frío y solitario.

El poeta Samuel Taylor Coleridge escribió que «la amistad es el árbol que da refugio». En un día caluroso nos da sombra, en una noche de invierno nos protege de la tormenta. Los que nos rodean nos dan fuerzas. Sus sonrisas nos hacen sonreír y su aliento nos ayuda a seguir adelante. Paso mis mejores momentos cuando estoy con otras personas.

Si nuestras vidas fueran perfectas podríamos llegar a ser tan independientes y autosuficientes como para no necesitar a nadie. Pero no somos perfectos. Chuck Swindoll nos recuerda que «escondidas en algún rincón recóndito de cada vida están las heridas y cicatrices. Si no estuvieran allí, no necesitaríamos a un Médico. Tampoco nos necesitaríamos los unos a los otros».

Así que no nos resistamos, y admitamos que todos estamos quebrantados. Solo así podremos ayudarnos los unos a los otros a atravesar los períodos difíciles y a celebrar juntos cuando todo va bien.

1. Cuando estás sufriendo, ¿sueles apartar a la gente o atraerla a tu lado? ¿Por qué? ¿Te ayuda o impide esto en tu proceso de sanidad?

2. ¿Cuándo te sentiste más querida y cuidada por otra persona? ¿Qué hizo esta persona? ¿En qué forma te ayudó?

3. ¿Quién ha tenido el mayor impacto en tu vida en cuanto a ayudarte a crecer y madurar? ¿Qué hizo esta persona que te haya impactado más?

4. Enumera cinco cosas que querrías que uno o dos amigos o amigas pidieran en oración por ti. Envíales esa lista por correo electrónico a estas personas.

Triunfo a partir
de la tragedia

[Steve]

No hay nada que el cuerpo sufra de lo que el alma
no pueda beneficiarse.

GEORGE MEREDITH

n o era más que una leve infección en el ojo.

Nada por qué preocuparse, salvo que el niño
tenía solo seis meses de edad. Los jóvenes padres
quisieron estar tranquilos y por eso llevaron a Fanny a ver al
médico. Por desgracia, el médico no estaba muy bien capacitado y su remedio dejó ciega a la niña para siempre. Unos
meses más tarde su padre falleció y su madre, de veintiún
años de edad, debió emplearse como mucama.

Ya adolescente, Fanny Crosby escribió sobre lo feliz que
era. Se sentía bendecida por su ceguera. Fue maestra para
ciegos, pero su pasión era la de ayudar a los pobres. Cuando
la gente le preguntaba sobre su discapacidad, respondía con
todo candor: «Fue lo mejor que me pudo pasar».

Su ceguera le dio una fuerza interior que la hizo comprometerse más y más con Dios. Escribió: «Si me ofrecieran

mañana ojos perfectamente sanos no los aceptaría. No habría cantado himnos de alabanza a Dios si me hubiesen distraído las cosas hermosas e interesantes que viera a mi alrededor».

Fanny escribió casi nueve mil himnos en su vida, que incluyen algunos de los más populares y potentes de todos los tiempos: «Bendita Seguridad», «A salvo en los brazos de Jesús», «A Dios sea toda gloria», y «Soy Tuya, Oh Señor», son muestras de su maravilloso don.

A lo largo de sus noventa y cinco años de vida conoció a presidentes, generales y dignatarios. Su filosofía en cuanto a las dificultades y la adversidad se ve en sus himnos, en los que hay frases tales como «Dios cuidará de ti, a sol y a sombra», y «Tráele tu carga y serás bendecido». Fanny Crosby insistía que sus mayores triunfos eran el resultado de su gran tragedia.

De hecho, celebraba sus heridas.

174

En nuestra cultura de comodidad y facilidades, hacemos todo lo posible por evitar la adversidad. Pensamos en los problemas como terribles tragedias o maldiciones. Las dificultades nos parecen molestias en el mejor de los casos, y catástrofes en el peor de los casos.

Hace unos años la gente era mucho más pragmática con respecto al dolor. Creían que las dificultades formaban parte integral e inevitable de la vida. En realidad, veían las dificultades como algo beneficioso. Hace casi dos mil años el apóstol Santiago nos dijo que diéramos la bienvenida a nuestro dolor, como oportunidad para algo bueno (Santiago 1:2).

Hay una lección en toda adversidad que a menudo no podríamos aprender de otra manera. En una de las más grandes ironías de la vida, el dolor puede ser uno de los más ricos dones de Dios para nosotros. Nuestras tribulaciones y adversidades contienen potentes enseñanzas que hacen que nuestro sufrimiento no solo sea positivo y tenga significado, sino que además, resulte necesario.

Dios no quiere que nuestras vidas se desperdicien. Por eso se asegura de que nuestras heridas contengan más beneficios de los que llegamos a ver. James Buckman escribió: «Toda tribulación que soportamos y atravesamos en el espíritu correcto hace que nuestra alma sea más noble y fuerte que antes». Quienes no han experimentado ninguna adversidad se arriesgan a vivir una vida superficial, egocéntrica. Porque es a través de nuestras dificultades que crecemos más. Aquí hay seis de las formas en que la adversidad puede ayudarnos a crecer.

La adversidad... aumenta la paciencia

La adversidad nos hace ir más lentos y hasta a veces nos detiene del todo. En este mundo acelerado, de pasos agigantados, en que todo hay que hacerlo lo antes posible, nunca esperamos por nada. Corremos aquí y allá, sin saber bien dónde vamos o qué queremos. Las dificultades nos muestran que no podemos ganarle a la vida, con sus miedos, desilusiones y desafíos. Nos obligan a esperar, a esperar a los demás y a Dios. Nos recuerdan que la sanidad suele ser un proceso y que cuanto más queremos acelerarlo, más tarda.

Casi todos somos impacientes. Queremos ver que todo suceda rápido y nos sentimos frustrados cuando no es todo lo rápido que esperamos. Nos encanta correr, pero nuestras heridas son las que pisan el freno. Podemos quejarnos, patalear, pero... ¿de qué sirve eso?

Los problemas marcan su propio ritmo. Exigen paciencia. Porque cuando nos apuramos mucho, también nos perdemos de mucho: los colores, detalles y hasta a veces la esencia misma de la vida. En un mundo donde se pone más énfasis en la meta que en el viaje para alcanzarla, rascamos la superficie, vamos deslizándonos por el hielo tan rápido como podemos sin darnos cuenta de lo mucho que pasamos por alto. La velocidad nos impide concentrarnos y absorber. La paciencia, en cambio, nos permite aprender lecciones incomparables y nos da tiempo para entretejer estas lecciones en la trama de nuestra vida.

No tenemos tiempo para la paciencia. Las palabras que tengan que ver con ella, como *silencio, quietud, contemplación, calma, tranquilidad o soportar,* parecen de una época ya pasada. Pero es aquí donde nos encontramos a nosotros mismos y podemos acercarnos a Dios.

La adversidad... aumenta nuestra madurez

John Patrick dijo: «El dolor hace pensar al hombre».

Podría haber añadido que nos ayuda a madurar y crecer. Las heridas pueden darnos profundidad y sabiduría. Aprendemos más de la adversidad que de la prosperidad. La prosperidad puede ser atractiva, pero no añade nada positivo ni perdurable a quiénes somos. Nos hace superficiales, nos pone a cubierto. Los momentos difíciles y las circunstancias duras, en cambio, nos echan en las profundidades de la vida... para descubrir la verdad, resolver problemas y aceptar limitaciones.

Vivimos en un mundo donde hacemos todo lo posible por evitar y escapar de las dificultades, pero aun así, esto lo único que logra es atraparnos en nuestra inmadurez. La madurez enfrenta los problemas de frente, haciendo todo lo posible por elaborarlos y atravesarlos con actitud positiva. Aunque no se puedan resolver rápido —o no tengan solución— pasar por este proceso crea una profundidad personal que nada puede igualar.

La madurez requiere experiencia por enfrentar y pasar por los desafíos de la vida. Alguien escribió una vez: «El mar calmo no hace marinos habilidosos». Esta persona sabía que las aguas turbulentas forjan nuestras almas. Cuando el pájaro hembra obliga a sus pichones a dejar el nido, hay una crisis inmediata. Y aun así, es a partir de esta crisis que aprenden a volar. Sin este trauma los bebés permanecerían en el nido y morirían de hambre.

Las dificultades nos obligan a enfrentar la realidad, a extender nuestras alas y ver qué posibilidades puede haber para nosotros.

Es a través de los momentos difíciles que maduramos y obtenemos sabiduría. La gente sabia ha vivido vidas plenas, recogiendo verdad a partir de cada experiencia. No resienten las dificultades, porque sencillamente las ven como otro recurso para el crecimiento. Reconocen que la adversidad nos mantiene alertas, que nos abre las puertas a la sabiduría que de otro modo nunca en la vida obtendrían. Han descubierto un maravilloso patrón en la vida: que la adversidad brinda sabiduría y que la sabiduría ilumina el camino para poder enfrentar mejor a la adversidad.

Salomón escribió: «Dichoso el que halla sabiduría, el que adquiere inteligencia. Porque ella es de más provecho que la plata y rinde más ganancias que el oro [...] Con la mano derecha ofrece larga vida; con la izquierda, honor y riquezas» (Proverbios 3:13-14,16).

La adversidad... enseña lo que es la compasión

Cuando experimentamos personalmente las dificultades de la vida, el miedo, el rechazo, la traición, la vergüenza, la soledad y el dolor, logramos desarrollar un corazón de compasión hacia los que sufren.

Nuestros ojos se han abierto al sufrimiento de la vida... y podemos verlo en la mirada de otras personas y oírlo en su voz. Es más difícil ignorar el callado grito de auxilio porque ya estuvimos allí y recordamos los momentos en que nadie parecía notarlo. O quizá los momentos en que sí lo notaban pero no tenían tiempo para ocuparse. Lo peor eran esos momentos en que la gente se llegaba a nosotros solo para juzgarnos o para darnos respuestas simplistas, huecas.

La compasión camina al lado del otro, tratando de entender lo que hay en su corazón. Tiene empatía y sensibilidad. Está dispuesta a abrazar al que sufre y llorar con el que llora.

Es fácil formar una coraza dura y restarle importancia al sufrimiento. Nuestro corazón también puede con facilidad volverse duro. Las dificultades ablandan nuestro corazón y hacen que no juzguemos tan rápido a los demás. Los que han sentido el dolor lo reconocen en los demás. Cuando Jesús veía a toda la gente que se reunía a su alrededor, las Escrituras nos dicen que, «tuvo compasión de ellas, porque estaban agobiadas y desamparadas, como ovejas sin pastor» (Mateo 9:36).

La compasión tiene muchas caras. Es amable. Está llena de gracia y misericordia. Es amor en acción. Betsy dice que nunca había comprendido lo que es el dolor hasta que su madre murió de repente en un accidente automovilístico. Ahora conoce el vacío de la pérdida. Kate le decía con impaciencia a las personas: «Si no puedes cambiar las cosas, tendrás que sobreponerte y ya». Luego su esposo la abandonó a ella y a sus dos hijos por otro hombre. El aguijón del abandono y la traición es algo que jamás olvidará.

Las dificultades cambiaron a Betsy y Kate. Hoy ya no dan tantos consejos, y en cambio se llegan y extienden para acompañar más a las personas que sufren. Muestran amor y compasión. Veo la benignidad en sus miradas y sé que si alguien sufre, una de las dos dejará lo que esté haciendo y caminará el difícil sendero junto al que sufre y necesita.

La adversidad... fortalece el coraje

Laura quedó impactada cuando a los treinta y dos años los médicos le diagnosticaron que tenía leucemia. Lloró, oró y se enfureció.

Luego de luchar durante dos años, ahora ya no tiene síntomas. Laura vino a verme.

—¿En qué aspectos te cambió todo esto? —pregunté.

Sonrió.

—Ante todo, estoy agradecida por cada día. Cada momento en la vida es un regalo maravilloso. Segundo, no tengo miedo. El cáncer te da coraje. Te hace saber que *si pudiste con esto, podrás con todo lo demás.*

Desarrollamos coraje cuando sobrevivimos a los momentos difíciles y cuando enfrentamos la adversidad. Como dijo Mary Tyler Moore: «El dolor nutre al coraje. Uno no puede ser valiente si solo le han sucedido cosas maravillosas».

El coraje es la capacidad de soportar dificultades, es la disposición de mirar al miedo a los ojos y mantenerse firme. El dolor y el peligro dan forma a nuestro coraje. Quienes han sido heridos naturalmente querrían retirarse y huir. El mundo ya no parece un lugar confiable y seguro, y hasta las actividades más simples se alzan como si fueran gestas heroicas.

La mujer que puede enfrentar sus dificultades sin terminar aplastada desarrollará un coraje que influirá en sus pensamientos, sentimientos y acciones. La vida es elástica... se estira o se encoge, según cómo enfrentemos la adversidad. Es nuestro coraje lo que da forma al carácter.

> No es en la quietud y la calma de la vida, ni en el reposo de una temporada pacífica que se forma el gran carácter... Las grandes necesidades convocan a las grandes virtudes.
>
> ABIGAIL ADAMS

180

La adversidad... edifica el carácter

El carácter asume el compromiso de hacer lo que es verdadero, correcto, bueno y sabio con independencia del costo. En una temporada de dificultades y problemas muchas veces sentimos la tentación de buscar la salida más fácil, en lugar de elegir la correcta. Las heridas nos tientan a negociar y ceder. Justificamos acciones cuestionables y nos convencemos de que son «aceptables bajo determinadas condiciones».

La adversidad nos pone a prueba, y puede fortalecernos o debilitarnos. Porque muestra cómo somos y cuál es nuestro carácter.

Un adolescente se presentó en respuesta a un cartel que vio en una tienda donde necesitaban un empleado. El dueño envió al chico al ático, un lugar sucio, caliente y atiborrado de cosas, para ordenar varias cajas con papeles. Era un trabajo horrible. En el fondo de la última caja el muchacho encontró un billete de diez dólares. Al terminar su trabajo le llevó el dinero al dueño.

«Pasaste la prueba», dijo el hombre. «Terminaste un trabajo duro sin quejarte y mostraste ser honesto. Eso es algo que quiero en el carácter de quien trabaje para mí».

Personalmente, jamás tuve una dificultad que no me fortaleciera en un aspecto u otro. Y cuando el dolor era intenso y casi insoportable, allí fue cuando más crecí y maduré.

Estudié las vidas de grandes hombres y mujeres de la historia y me sorprendió ver cuántos habían pasado por grandes adversidades. En efecto, parece que justo las cualidades que los hicieron grandes se forjaron en los días de mayor oscuridad en sus vidas.

La adversidad... profundiza la fe

Los momentos difíciles y las heridas profundas nos recuerdan nuestra humanidad, nuestra humildad y nuestra total dependencia de Dios. La adversidad nos recuerda que no somos lo autosuficientes que querríamos ser. Y nos llama a la fe. Como dijo el Papa Juan Pablo II: «La fe nos lleva más allá de nosotros mismos. Y nos lleva directamente a Dios». Muchas veces me pregunto cómo puede la gente manejar sus dificultades sin acudir a Dios. Helen Keller aprendió, al ser ciega y sorda, que «la fe simple como la de la infancia, resuelve todos los problemas que se puedan presentar».

Nuestras heridas nos llevan más cerca de Dios. Nos obligan a arrodillarnos y clamar a Él. Martín Lutero escribió que «si no fuera por nuestras dificultades, tribulaciones y problemas, no podríamos orar como es debido».

Es cierto, ¿verdad? Cuando brilla el sol, cuando todo es de colores, con sabor a caramelo y la vida es un campo de margaritas, nuestras oraciones pierden su pasión. Pero cuando llega la oscuridad, cuando llega la desilusión, cuando nos inunda el miedo, ahí sí oramos con todo el corazón.

Quizá sea cierto el viejo adagio: «La necesidad nos enseña a orar». La desesperación mejora nuestra perspectiva y también nuestras oraciones. ¿Por qué? Porque nos lleva de vuelta directo a los brazos de Dios, donde descubrimos toda la paz y el reposo que tanto anhelamos. Jesús nos invita: «Vengan a mí todos ustedes que están cansados y agobiados, y yo les daré descanso» (Mateo 11:28).

Cuando todo va bien, no estamos al tanto de lo mucho que necesitamos a Dios. Pero cuando las dificultades nos abruman sabemos que lo necesitamos. George Mueller lo destacó al escribir: «La única forma de aprender lo que es la fe sólida es soportando grandes tribulaciones».

¿Cuál es entonces el mayor enemigo de nuestra fe? *La prosperidad.* Cuando todo nos es fácil, nos volvemos perezosos, orgullosos y egoístas. Cuando no nos empujan las dificultades nuestro mundo se encoge y comprende únicamente aquello que tenemos delante de las narices. Jean de La Bruyere escribió: «De las dificultades nacen los milagros».

Sin fe, los milagros yacen sin que nadie los reclame.

Sin dificultades, no parece haber necesidad de tener fe.

Al fin, entonces, son nuestras heridas las que nos brindan alas que logran captar las corrientes de la fe y nos llevan a volar alto, desde donde obtenemos una perspectiva que de otro modo desconoceríamos.

Dios es bueno

Celebra tus heridas, porque te convierten en alguien mucho mejor. James Emery White lo dice bien:

- ◉ Si hay ternura en mi corazón, la hay a partir de que se partió.

- ◉ Si hay algo de valor que fluye en mi alma, fluye a partir de un desierto.

- ◉ Si hay confiabilidad en mi mente, es que se forjó en el yunque de la duda.

- ◉ Si mis acciones parecen vigorosas, se originaron en la ceguera y la fragilidad.

- ◉ Si hay profundidad en mis relaciones, la hay a partir de las heridas que sufrí.

Dejemos ya de gemir y quejarnos y de sentir pena por nosotros mismos. No importa lo difíciles que sean nuestras luchas, o qué tan profundas sean nuestras heridas, en ellas hay lecciones grandiosas. Nos enseñan tanto sobre nosotros mismos como sobre la vida. También nos enseñan quién es Dios. Nos enriquecen de manera que ninguna otra cosa podría hacerlo. Nos dan la paciencia para soportar, la madurez para crecer, la compasión para llegar a otros que están en necesidad, el coraje para sobrevivir, el carácter para transformar algo terriblemente doloroso en algo positivo y la fe para saber que no estamos solos.

Es posible que pasemos por temporadas de sufrimiento, en realidad, es seguro que así será. Jesús dijo: «En este mundo afrontarán aflicciones, pero ¡anímense! Yo he vencido al mundo» (Juan 16:33). Para algunos esa temporada de aflicción será más larga que para otros, pero llegará el momento en que acabe. Dios promete que «los restaurará y los hará fuertes, firmes y estables» (1 Pedro 5:10).

No te equivoques: el triunfo nace mejor de la tragedia.

Preguntas para reflexionar

1. ¿De qué modo han influido tus heridas en tu crecimiento emocional y espiritual?

2. ¿De qué manera te ha hecho más compasiva y sensible tu dolor? ¿Qué tipo de personas que sufren sientes que te atraen más?

3. Jean de la Bruyere escribió: «De las dificultades nacen los milagros». ¿En qué aspectos has visto esto en la vida de otras personas? ¿En qué aspectos te han acercado a Dios tus heridas?

4. Identifica algo positivo acerca de tu vida. ¡Celebra! Date un regalo (cómprate un esmalte de uñas, una revista o libro, tu postre favorito, una película, ropa nueva, etc.) para recordarte que sigue habiendo cosas buenas.

Nuevos comienzos

[Pam]

Es cuando ya no tenemos opciones que estamos
más preparados para las sorpresas de Dios.

MAX LUCADO

a todos nos ha pasado. Quedamos boquiabiertos. Con los ojos desorbitados. El corazón galopa. Nuestra mente, confundida, intenta entender lo que acabamos de oír. Sin poder creerlo nos preguntamos: *¿Está pasando esto en realidad?*

«Quiero el divorcio».

«Hay reestructuración en la compañía. Ya no necesitaremos de tu puesto».

«Este es el director de la escuela. Quiero que nos reunamos de inmediato».

«No quiero volver a oír de ti».

«El cáncer se está extendiendo».

«Estamos en quiebra».

«Lo lamento. Ya no hay nada que podamos hacer por su ser amado».

«Los resultados de los análisis y estudios revelan una leve lesión traumática en el cerebro».

Esto último fue lo que oí ese lúgubre día de septiembre después del accidente de Jessie. En una fracción de segundo sentí que mis emociones me hacían caer al suelo, y esperaba despertar de esa pesadilla.

Seamos realistas. La vida es dura. Es una serie de desafíos, problemas y preguntas sin respuesta. Pensar de otro modo causa angustia innecesaria. El inmenso sufrimiento forma parte integral de nuestra condición humana. Se nos alienta a no sorprendernos por ello: «no se extrañen del fuego de la prueba que están soportando, como si fuera algo insólito» (1 Pedro 4:12).

No te sorprendas ante el sufrimiento. Es parte del paquete de esta vida en este mundo caído. En cambio sí sorpréndete ante el poder sanador de Dios que surge de la profundidad de tu dolor. Dios es potente dentro de ti y su compromiso es restaurarte. Su misión es reavivar, refrescar y hacer resucitar los lugares muertos de tu alma.

> *«Si te arrepientes, yo te restauraré [...] Pero yo te restauraré y sanaré tus heridas —afirma el SEÑOR».*
>
> JEREMÍAS 15:19; 30:17

Restaurar significa devolver a la condición anterior u original. Cuando leemos sobre la obra restauradora de Dios en las Escrituras encontramos que Él siempre mejora, aumenta y multiplica algo por encima y más allá de su condición original. Cuando Dios restauró a Job después de las tremendas tribulaciones que soportó, le dio dos veces lo que había perdido y lo bendijo más en la última parte de su vida que cuando estaba en la flor de su edad (véase Job 42:12-17). Jesús les dijo a sus seguidores que si sufrían pérdidas por seguirle, Él restauraría sus pérdidas cien veces más (Marcos 10:29-30). Dios dice: «Si te arrepientes, yo te restauraré» (Jeremías 15:19).

Es una hermosa promesa. Pero tiene adjunta una condición, ¿verdad?

Si volvemos a Él. *Si* damos un giro. *Si* abandonamos todas esas estrategias de autorredención y comenzamos a avanzar hacia Dios, entonces Él nos restaurará.

¿Qué significa esto entonces? ¿Que iniciamos una lista nueva, en una página en blanco, con resoluciones, reglas o rituales? No. El deseo más profundo de Dios es el de una relación contigo y conmigo. Es dentro de una conexión íntima y personal con Él que comienza la sanidad y reconstrucción de nuestra vida.

Jesús promete a los débiles y heridos de este mundo: «El Espíritu del SEÑOR omnipotente está sobre mí, por cuanto me ha ungido para anunciar buenas nuevas a los pobres. Me ha enviado a sanar los corazones heridos, a proclamar liberación a los cautivos y libertad a los prisioneros, a pregonar el año del favor del SEÑOR y el día de la venganza de nuestro Dios, a consolar a todos los que están de duelo, y a confortar a los dolientes [...]» (Isaías 61:1-3).

Si invitaras a Jesús a tomar el té a tu casa, Él compartiría su corazón contigo diciéndote algo como esto:

Tengo buenas noticias para ti. Yo estoy contigo. Quiero consolarte y sanar tu corazón partido. En este mismo momento estoy empujando al infierno para que retroceda y peleando tus batallas por ti. La venganza es mía. Pronto experimentarás el botín de la victoria.

187

> *Veo todos los detalles. Sufres profundamente por lo que perdiste y tu dolor es válido. Quiero una relación contigo en tu sufrimiento. Ven a mí. Mi Espíritu tocará tus heridas. Te prometo que reemplazaré tu devastación y desesperanza por mi Espíritu de contento y gozo. Esto no puedes hacerlo tú. Es algo que yo lograré por ti.*

He observado a Dios cambiar belleza por cenizas en las vidas de innumerables mujeres. La semana pasada recibí una carta de una amiga mía en la que me contaba algo maravilloso que había aprendido sobre la notable capacidad de Dios de tocar nuestras heridas convirtiéndolas en plataforma de lanzamiento para sus planes y propósitos.

Querida Pam:

Durante mis años de escuela primaria viví en diversas situaciones, con culturas diferentes. Hasta quinto grado fui la única chica blanca en mi grupo de amigas, donde había esquimales, afroamericanas y nativas americanas.

El año en que cumplí once fue una época de grandes disturbios raciales y políticos. Tuve mayor conciencia de que era diferente y sabía que por ser blanca me detestaban. Las palabras y trato cruel de parte de mis pares me dejaron con graves heridas y una cicatriz permanente. La vida me convenció de que no podía confiar en las chicas de mi edad porque en cualquier momento se volverían en mi contra.

Esa cicatriz permaneció conmigo durante la escuela secundaria y la universidad. Pero Dios en su bondad, estaba organizando todo para comenzar a derribar el muro protector que yo había erigido para encerrar mi corazón. Estudié luego en la universidad bíblica y gran parte de mi trabajo se enfocaba en extenderse y prestar ayuda a las mujeres que sufren. Dios y yo estábamos frente a frente. Yo le decía: «Dios de ninguna manera podré involucrarme con mujeres. ¡No son confiables! Donde haya dos o tres reunidas, hay mal en medio de ellas».

Unos años más tarde Dios organizó otra oportunidad para mi restauración en la escuela de la vida. Yo era una joven madre que tenía cuatro niños de menos de siete años. El negocio de mi esposo le hacía viajar cada semana y estábamos lejos del resto de nuestra familia en los suburbios de Chicago. La única forma en que pude sobrevivir durante esos años fue porque hubo mujeres, grupos de mujeres, que se llegaron a mí y con persistencia me mostraron su afecto. Durante esos doce dulces y difíciles años Dios sanó la herida de mi infancia y me demostró que había mujeres confiables en este mundo.

Ahora mis hijos crecieron y estoy esforzándome por hacer por otras lo que hicieron por mí. Lidero un ministerio en mi iglesia donde entrenamos a mujeres para que puedan liderar y ser mentoras de otras mujeres. Jamás, ni en mis más alocados sueños, habría imaginado que descubriría mi mayor gozo y pasión en la profunda conexión con otras mujeres.

Aquellas de quienes escapaba son hoy las personas con quienes quiero estar. Jesús tenía razón. Allí donde dos o más estén reunidos en su nombre, está Él sanando, restaurando y logrando lo imposible.

Con amor,

Lynn

Cada mañana, algo nuevo

Cada mañana puede ser un nuevo comienzo, una nueva oportunidad para volvernos a Dios. Al salir de la cama podemos decir una sencilla oración. Quizá algo como...

Dios, vengo a ti con corazón abierto. Me alineo contigo. Me pongo bajo tu autoridad y tierno cuidado. Sé mi sanador. Lléname con tu espíritu de gozo. Abre los ojos de mi corazón para percibir tu presencia conmigo mientras viajamos juntos a lo largo de este día.

Este tipo de contacto íntimo y de primera mano con Dios concibe y da a luz a un tiempo para refrescarnos. Pedro, quien sufriera oleada tras oleada de aflicciones, habla de la serie de sucesos que se inicia cuando nos volvemos a Dios. «Por tanto, para que sean borrados sus pecados, arrepiéntanse y vuélvanse a Dios» (Hechos 3:19).

Dios es la persona más buena que haya conocido yo jamás. Su atención al detalle me deja sin palabras, absolutamente sin palabras. Porque el tiempo y la experiencia me enseñaron que Él conoce íntimamente cada una de nuestras cargas y que tiene toda la intención de enviarnos bendiciones que nos refresquen justo cuando más las necesitamos.

Mi corazón sufría la noche en que oí la noticia de parte del neurocirujano que atendió a Jessie. Sabía que el camino de recuperación sería largo y lento, mucho más de lo que esperábamos. Haría falta esfuerzo y persistencia, y diversas intervenciones. Francamente ya estaba cansada del año que había pasado, avanzando con pesadez y dificultad en medio de diversos desafíos. Este nuevo giro en las circunstancias me dejó abrumada. Sabía que estaba con el agua al cuello, y que ya no tenía recursos.

Pero Dios sí los tenía.

Ni siquiera había comenzado a mostrarme su creatividad y poder. Tenía maravillosas sorpresas escondidas como ases en la manga, y una lección que me enseñó a dejar en sus manos la tarea de sanar.

Cerca de las nueve de la noche ese día me estaba cepillando los dientes cuando mi marido John entró en el baño, agitando un cheque que llevaba en la mano. «¡Vendimos el camión!» Un comprador acababa de cerrar la transacción. Estaba rebosante y yo sentía un apagado entusiasmo porque todavía me sentía apabullada por la noticia sobre Jessie.

Cuando mi esposo salió de la habitación, un pensamiento pasó como ave rapaz por mi mente: *Me pregunto si podremos comprar muebles nuevos dentro de poco tiempo.* Nuestros muebles tenían más de veinte años ya, y mis planes incluían una remodelación para nuestro dormitorio. Había estado mirando juegos de muebles y sabía precisamente lo que quería. Ese pensamiento pasó enseguida y apagamos las luces para ir a dormir.

Al día siguiente llevé a los niños a la escuela, me reuní con clientes en el centro de consejería y volví a casa cerca de las cinco de la tarde. Estaba bebiendo un vaso de agua en la cocina cuando sonó el timbre. Enseguida oí los pasitos de Nathan, que se dirigía desde su habitación a la puerta de entrada. Oí que se abría la puerta y que Nathan decía: «¡NO!», a quienquiera estuviese allí.

Nathan dio un portazo que sacudió el umbral. *Qué raro*, pensé. Y fui a ver a Nathan.

—Nathan, ¿quién era?

—Hombre malo —dijo con una mueca.

Ahora sí sentía curiosidad. Corrí a la puerta, miré hacia fuera y vi a un hombre que se dirigía hacia la casa de al lado. Curiosa por saber quién estaba recorriendo nuestro vecindario, grité:

—¿Necesita algo?

El hombre se dio vuelta y vino con paso apresurado hacia mí. Con acento sureño dijo:

—Señora, ¿ve ese camión?

Señalando un camión que estaba estacionado cerca, dijo:

—Está lleno de muebles que vienen desde Carolina del Norte. Debía entregarlo en una tienda de Pórtland, pero cancelaron el pedido. Nuestra compañía nos ha dado permiso para recorrer Pórtland y vender los muebles directamente a quienes quieran comprarlos. Son sillones, mecedoras, relojes... hay de todo.

¿Qué tiene entre manos este tipo?, pensé.

Le agradecí y luego dije que quizá más tarde fuera a ver qué había en el camión. Mientras tanto decidí ser diligente y llamé a la guardia urbana del departamento de policía. Les expliqué la situación y el despachante me contestó: «Sí. Estamos al tanto de la situación. Es rara, pero legal y legítima».

Hmmm. La cazadora de gangas que hay en mí encendió todas las luces, e hizo sonar las alarmas en mi cerebro. Fui hasta la calle para echar un vistazo y vi que había varios vecinos mirando los productos. A primera vista me era obvio que toda la mercadería era de excelente calidad. Uno de los jóvenes que trabajaba en el camión se volvió hacia mí y dijo:

—¿Qué le gustaría ver, señora?

—¿Por casualidad tienen un juego de dormitorio? —pregunté.

—Uh, sí, señora. Tenemos un juego.

—¿Y la cama es tamaño *king*?

—Sí, señora.

—¿Es de madera de cerezo?

—Así es, señora. Hoy debe ser su día de suerte.

Sonreí, mirando al simpático vendedor y le pregunté si podía ver los muebles. Buscó entre los folletos y me mostró una fotografía a color del juego que con orgullo ofrecía.

Quedé boquiabierta. No podía creer lo que veía. El juego de seis piezas era todavía más bello de lo que había estado esperando comprar durante tanto tiempo. Tenía una cama tallada a mano, dos mesas de luz, un armario espacioso y una cómoda con espejo.

Al ver el precio al pie del folleto vi que no podría pagarlo. El muchacho debe haber leído mi mente porque enseguida dijo:

—Señora... ¿ve el precio publicado?

Asentí.

—Bueno, señora... hoy sí es su día de suerte... porque lo vendemos a menos de un tercio del precio publicado.

Había mordido el anzuelo. El hombre recogía la línea. Hice cálculos mentales y le dije:

—¡Trato hecho! ¡Resérvemelo! Voy a buscar a mi esposo.

John regresó conmigo hasta donde estaba el camión y le preguntó al joven si podíamos ver los muebles.

—Señor... solo puedo hacer eso si tiene intención de comprarlo. Porque está envuelto en cartón y vamos a tener que descargar cada una de las piezas en su jardín, para quitar el cartón y que así usted pueda verlo todo. Nuestra compañía no pagará los gastos de devolución si decide dentro de unas semanas que ya no lo quiere.

John conocía la mirada de buldog que suelo tener a veces, y le aseguró al joven que teníamos intenciones serias. Así que frente a todos nuestros vecinos, este equipo de muchachos descargó los muebles en nuestro jardín del frente y quitó las envolturas de cartón. Cada pieza era perfecta. No tenían un solo rasguño, rajadura o falla. Además, los muebles eran más hermosos de lo que esperaba poder comprar.

Después de inspeccionarlos me dirigí al joven y le dije:

—Tenemos un problema. Nuestra habitación está llena de muebles y no tenemos dónde poner todo esto.

Con su simpático acento sureño, y con el estilo típico de los de su región, dijo:

—Señora. Eso no es un problema. Muéstrenos dónde irá el juego de muebles. Nos llevaremos los muebles viejos y le dejaremos los nuevos.

Cuatro horas más tarde les dimos un cheque (y unas hamburguesas para el camino), y nos despedimos de ellos.

A las diez de la noche John y yo nos acostamos en la cama nueva y reímos hasta que nos dolió el estómago ante la locura de ese día. ¡La mejor parte fue que teníamos muebles nuevos sin siquiera haber tenido que soportar el gentío del centro comercial!

Apoyé la cabeza en la almohada, cerré los ojos y susurré una oración de agradecimiento a Dios por sus generosos regalos. De repente se me ocurrió que la noche anterior había tenido esa idea sobre los muebles que quería cambiar. ¡Y veinticuatro horas más tarde, estaban en mi dormitorio!

Dios en su bondad, me estaba reafirmando y dando seguridad:

Pam, si oigo tus pensamientos súbitos y puedo enviarte muebles nuevos a la puerta de tu casa, seguro podré oír los gritos más profundos de tu corazón y llevar a tu hija al destino que tengo planeado para ella.

Me encanta cuando Dios usa cosas concretas para darme un mensaje. Nuestro hermoso juego de muebles es un recordatorio tangible y constante de que debo descansar en la capacidad de Dios para que Él haga lo que yo no puedo. Debo acudir a Él a diario y depositar mi confianza en el hecho de que Él es bueno, y que todo lo que es importante para nosotros también lo es para Él.

> *Qué desalentadora y sin esperanzas se vuelve la vida cuando perdemos de vista a Dios. Es como si intentáramos vivir sobre una hoja de papel plana, en un mundo bidimensional sin profundidad de sentido ni anticipación del gozo. No podemos leer la vida cristiana sobre la base de las circunstancias individuales. No debemos concentrar nuestra atención en sucesos individuales como un ataque al corazón, una enfermedad o una lesión. Si lo hacemos, perderemos de vista el hecho de que hay aquí una imagen más grande y profunda. Y es una imagen eterna. Es una obra que Dios está realizando de principio a fin.*
>
> Dr. Ron Mehl

Dios está obrando en ti. Su amor es firme y constante, y te invita: «Clama a mí y te responderé, y te daré a conocer cosas grandes y ocultas que tú no sabes» (Jeremías 33:3).

Si llamas, Dios responderá.

Él está a tu favor.

El es tu vengador.

El anhela renovarte.

Las aguas de vida de su Espíritu te llenarán, rebosando y borboteando como manantiales que saciarán tu sed y quitarán todo lo que impida tu sanidad. Día tras día, hasta el momento de tu aliento final, Él cubrirá tus necesidades con toda compasión. Sus recursos son inagotables. Sus misericordias son nuevas cada mañana (veáse Lamentaciones 4:22-23).

¿Te ha derribado la vida? ¿Caíste de bruces y no puedes levantarte? Entrégale tu corazón roto a Jesús. Invítalo a organizar tu salida del sufrimiento. Pídele que con su bondad, te asombre. Arrímate y luego observa, esperando las divinas sorpresas que surgirán de la nada, dentro y fuera de ti. Nuestro Dios se especializa en hacer lo que para nosotros es imposible.

El poeta Paul Claudel lo dijo muy bien: «Jesús no vino para explicar o quitar el sufrimiento. Vino para llenarlo con su presencia».

Gracias, Señor. Alabado sea tu nombre. Tú eres aquel que restaura.

1. Las misericordias de Dios son nuevas cada mañana. ¿Qué desafío estás enfrentando hoy para el cual necesitas de la misericordia de Dios? Habla con Él sin reservas sobre lo que te preocupa e invítalo a satisfacer tus necesidades específicas.

2. Al ver tu vida en retrospectiva, ¿cuándo experimentaste nuevos comienzos y evidencias de la restauración de Dios?

3. Isaías 61:1-3 aparece citado en la página 187. Al leer este pasaje de las Escrituras, ¿qué recuerdos o imágenes vienen a tu mente con respecto a tu vida? ¿Qué percibes que Dios te está diciendo?

4. Dios a menudo usa nuestras heridas como trampolín para que ayudemos a otras personas. Escribe una carta a alguien que esté sufriendo, y dile cómo Dios te ha transformado a través de los momentos más oscuros de tu vida.

Confía otra vez

[Steve]

> Todo lo que he hecho siempre que en última
> instancia valiera la pena... inicialmente
> me dio un miedo mortal.
>
> BETTY BENDER

«¡**m**e rindo! ¿Por qué sería tan estúpida como para volver a confiar en alguien?»

Lisa acababa de descubrir que Kyle, su marido con quien llevaba siete años de casada, la había dejado a ella y a sus dos hijos por otra mujer... que era la mejor amiga de Lisa. El dolor le atravesaba el corazón. Jamás había sufrido tanto. Lisa amaba a Kyle con toda su alma y pensaba que su relación era excelente. Pero en los últimos cuatro años, casi la mitad del tiempo que llevaban casados, Kyle había estado teniendo una relación amorosa con Joy. Durante ese tiempo, Lisa y Joy habían salido juntas a tomar café varias veces por semana para charlar y compartir sus sueños.

Lisa quería morir.

Literalmente. De inmediato.

Si no hubiera sido por sus dos hijos pequeños, podría haberse suicidado. A veces, la herida parece tan profunda que pensamos que jamás podremos recuperarnos.

En realidad, ni siquiera queremos intentarlo.

Las heridas profundas hacen que queramos retroceder, escondernos. Nos aislamos. Nos ocultamos. Nos prometemos que nunca, nunca vamos a permitir que nadie más nos lastime así. Levantamos sólidas defensas y construimos gruesos muros para proteger a nuestro corazón de los fríos vientos y crueles realidades de la vida. Nuestro objetivo es la autopreservación, porque sinceramente nos preguntamos si podremos sobrevivir a otra herida.

Sin embargo, justo las estrategias que usamos para evitar el dolor se convierten en trampas con mandíbulas de hierro que nos aplastan y mantienen atrapados en el sufrimiento. Nos concentramos tanto en el miedo a sufrir que no podemos sanar. Quedamos atascados en un lugar que parece seguro, pero que nos impide crecer de verdad.

Es difícil volver a confiar.

Porque implica ponernos en una situación en la que podríamos volver a sufrir. Y para la mayoría es demasiado incómodo... o aterrador. Nuestro mecanismo de autoprotección sirve para impedir que tonta e ingenuamente confiemos en alguien que conocemos como poco confiable. Sin embargo, no confiar en nadie porque podría haber alguien poco confiable es algo igual de tonto.

Para crecer tenemos que tener intención de hacerlo. La pasividad significa que quedamos atrapados en el dolor. Dar el paso, a pesar del miedo, puede abrir oportunidades que nos harán más sanos. Las siguientes cuatro decisiones son cruciales para que podamos volver a confiar.

Decisión número 1: Aceptar la realidad

La realidad no siempre es linda, pero es mejor que la alternativa. La realidad es la vida: es donde tenemos que vivir. La aceptación mira nuestra situación sin pestañear y admite que *así son las cosas en realidad en este momento.*

Quizá no sea lo que nos gusta.

Quizá no sea lo que haya sido.

Quizá no sea lógico, justo o bueno a nuestros ojos.

Pero aun así, la aceptación dice: así son las cosas. Esto es lo que tengo que enfrentar.

Negándose a exagerar o restar importancia, la aceptación dice: «Esta es la realidad... y ahora, ¿qué quiere Dios que haga yo con esto? ¿Cuál es su provisión para mí en este momento de mi vida?».

La aceptación es el primer paso hacia la sanidad. Nos permite evaluar la situación y determinar lo que podremos hacer desde allí. Sin aceptación no podemos formar un plan que nos permita avanzar. Como escribió Virginia Satir: «La vida no es como debería ser. Es como es. La forma en que enfrentes esto será determinante».

La realidad puede ser dura. Quizá nos dé golpes que jamás soñamos tener que soportar, pero con ayuda de Dios podremos soportar más de lo que creemos posible. La aceptación es una decisión consciente que se convierte en el cimiento sobre el cual edificaremos el resto de nuestra vida.

A los diecisiete años Joni se quebró el cuello al zambu-
llirse desde un muelle flotante en la Bahía de Chesapeake.
De repente, y de forma irreversible, su mundo cambió. En
lugar de ser una chica activa, atlética e independiente, se
convirtió en una cuadripléjica sentenciada a pasar el resto de
su vida en silla de ruedas. Esta era una realidad que Joni
desesperadamente no quería enfrentar, y menos aun aceptar.
Oró pidiendo sanidad, pidiendo un milagro, lo que fuera
para terminar con esta pesadilla.

Una tarde de invierno Joni miraba por la ventana en la
casa de sus padres y vio a sus hermanas cabalgando en la
nieve. La tristeza la abrumó porque anhelaba poder cabalgar
con ellas. Más tarde ese día Joni dirigió su silla de ruedas
hacia el jardín para escuchar cómo el viento silbaba en los
pinos mientras los copos de nieve le besaban las mejillas.

«No. No podía cabalgar en la nieve», escribió. «Pero sí
podía apreciar el placer de una noche nevada, aun sentada e
inmóvil. No fue entonces que acepté mi silla de ruedas. Esa
noche fue solo un momento en una larga serie de días y
noches en el que el Espíritu Santo cubrió mi dolor con su
gentil gracia».

Cuando Joni Eaeckson Tada aceptó su realidad, aprendió
a dibujar sosteniendo el lápiz con la boca. Pronto llegó a ser
una reconocida artista. Con el paso de los años también se
convirtió en escritora de éxitos de librería, y en una aplaudida
disertante ante multitudes de treinta y siete países. Joni también es fundadora y presidente de Joni and Friends, una orga-
nización que promueve el ministerio cristiano para la
comunidad de discapacitados de todo el mundo. Nada de esto
habría pasado si Joni no hubiera aceptado su discapacidad.

Aceptar no es sentarse pasivamente a ver qué pasa. No es fijar la mirada en la herida con autocompasión. No es quedar atrapado en los ilusorios mundos del «si tan solo», o «lo que podría haber sido». No es gritarle a Dios: «¿Por qué yo?». La aceptación dice: «Esto no me gusta, pero sé que Dios puede darme las fuerzas que necesito para atravesar este momento».

La aceptación sabe que aunque las heridas sean incómodas o difíciles de soportar por el momento, también pueden enseñarnos lecciones muy potentes. Keri West lo resume bien cuando escribe que la aceptación «obra dentro de la realidad de hoy pero extendiéndose hacia la posibilidad de mañana».

Y algo más.

Cuando piensas en la realidad de lo que es, debes tomar en cuenta la realidad suprema de un Dios todopoderoso, compasivo y amoroso que habita este instante mismo en el tiempo. Él es la realidad mayor, por encima de todas las demás realidades. Es en Él que «vivimos, nos movemos y existimos» (Hechos 17:28). Y aunque quizá Él no decida cambiar tus circunstancias, así como no le otorgó a Joni la sanidad que pedía, sigue siendo Dios todopoderoso y no hay nada imposible para Él y tú todo lo puedes en Cristo que te fortalece. (Jeremías 32:17; Filipenses 4:13).

Decisión número 2: Dejar ir

Una vez que aceptamos la realidad de nuestras heridas debemos aprender a dejar ir. Muchas de nuestras heridas tienen que ver con lo que perdimos... algo o alguien nos ha sido quitado. Quizá hemos perdido a un ser amado, a un amigo, una esperanza, un sueño. Quizá perdimos la salud, la seguridad, la reputación. Es fácil hablar y pensar en «los buenos viejos tiempos». Todos queremos aferrarnos a los momentos felices de épocas pasadas. Pero esto nos mantiene atrapados en el pasado y (enfrentémoslo) en una realidad que ya no existe.

Cosas que debemos dejar ir

amistades que no son sanas	la negatividad
la ira	la crítica
la culpa y la vergüenza	la autocompasión
las expectativas poco realistas	la necesidad de tener razón
los resentimientos	el orgullo

Isaías nos dice: «Olviden las cosas de antaño; ya no vivan en el pasado» (Isaías 43:18). El pasado no se puede cambiar. M. Scott Peck escribe que el contentamiento es «estar en paz con las circunstancias que no se pueden cambiar, con las decisiones o errores de nuestro pasado».

Es que cuando olvidamos lo pasado y lo dejamos ir, podemos ir hacia adelante.

Una vez que olvidamos y dejamos ir el pasado, podemos dejar ir las emociones negativas asociadas con el pasado: el enojo, el dolor, la desilusión, la amargura, la pena, el miedo, la vergüenza, los lamentos. Estas emociones negativas son una carga demasiado pesada para cualquiera. Demasiado pesada. Nos agobian y oscurecen nuestro espíritu. Cuanto más nos aferremos a ellas peor nos sentiremos.

Estos sentimientos se convierten en cadenas que impiden nuestro crecimiento. Es como si estuviéramos conduciendo el auto con los ojos fijos en el espejo retrovisor, sin poder ver el camino que hay delante.

¡Nadie dijo que es fácil olvidar!

El novio de Jenny, Ben, murió camino a la boda por culpa de un conductor ebrio. Se habían conocido en la escuela secundaria y todos los consideraban la pareja perfecta. De repente, a los veintitrés años él murió y ella quedó devastada.

Han pasado unos veinte años desde ese oscuro día y Jenny es una de las personas más amorosas, brillantes y compasivas que conozco. Jamás volvió a salir con nadie. Oh, sí la invitaron, cientos de veces. Cada una de esas veces se sonroja y con toda educación dice que no puede.

Jenny sigue enamorada de Ben.

Su fotografía sigue en el lugar de honor sobre el hogar de su sala, su chaqueta sigue colgada en el armario y su anillo de compromiso sigue colgado de una cadena de oro que cuelga de su cuello. Hasta que Jenny no logre dejar ir a Ben no podrá ser feliz.

Decisión número 3: Arriesgarse

La vida es riesgo. Todo lo que vale la pena implica riesgo. Nos arriesgamos a volver a sufrir, a volver a sentir vergüenza, a perder lo que tengamos. Los riesgos forman parte de la vida como el oxígeno forma parte de la atmósfera. Cada día nos entrega un nuevo paquete de riesgos que llega a la puerta de casa como si fuera el periódico.

Después de haber sufrido una herida, sin embargo, buscamos evitar todo riesgo. Queremos envolvernos en una manta tibia y acurrucarnos en un mullido sillón con los pies cerca del fuego.

No queremos enfrentar las tormentas de la vida.

No queremos volver a soportar presiones o traumas.

No queremos tener miedo, sufrir dolor o pasar por una desilusión de nuevo.

Así que cerramos las ventanas y nos acurrucamos en ese mullido sillón, negándonos a ir donde sea, a conocer a quien sea, a exponernos otra vez a algo, sea lo que fuere.

Podríamos llamar a este tipo de existencia, «vida de seguridad».

En realidad, es la muerte en vida.

Sin riesgos no podemos crecer ni mejorar. Nos estancamos y enmohecemos. Evitar los riesgos nos pone en peligro de vivir una vida en la que habrá siempre añoranza por lo que podría haber pasado, lo que podría haber sido. Geena Davis dice: «Si nada arriesgas, lo arriesgas todo».

El riesgo convoca a nuestro coraje. Hace falta dar el paso hacia lo desconocido, lo que nos da miedo. Implica enfrentar estos miedos y contar con el Dios amoroso que tiene el control de los detalles de nuestras vidas. David oró: «Pero yo, SEÑOR, en ti confío, y digo: "Tú eres mi Dios." Mi vida entera está en tus manos» (Salmo 31:14-15). Y el apóstol Pablo escribió: «Si Dios está de nuestra parte, ¿quién puede estar en contra nuestra?» (Romanos 8:31).

No hay riesgo real con Dios de nuestra parte. Moisés le dio instrucciones al pueblo de Israel, de que antes de toda batalla los sacerdotes debían pararse frente a los guerreros y decir: «No te desanimes ni tengas miedo; no te acobardes ni te llenes de pavor [...] porque el Señor tu Dios está contigo» (Deuteronomio 20:3-4).

Hace años oí un dicho que me gusta repetir mentalmente cuando siento miedo: «El miedo paraliza a la fe, pero la fe paraliza al miedo».

Si mantenemos la mirada en el objeto del miedo, sentiremos más miedo. Pero si fijamos los ojos en el objeto de la fe, crecerá nuestra fe. El apóstol Pedro descubrió que esto era verdad cuando Jesús lo llamó a caminar sobre la superficie del mar una noche oscura en que las aguas estaban revueltas. Mientras Pedro miraba a Jesús, pudo hacer lo imposible. Tan pronto apartó la mirada de Él para ver las olas, se hundió.

El miedo nos dice lo que no podemos hacer. La fe nos dice que con Dios todas las cosas son posibles. Philip Yancey escribe que la fe «implica aprender a confiar en que más allá de la niebla Dios sigue reinando y no nos ha abandonado, no importa cómo parezcan ser las cosas».

El riesgo implica ir más allá a pesar del miedo. Florence Nightingale escribió: «¡Qué poco se puede lograr bajo el espíritu del miedo!». Sin embargo, con la fe pueden suceder cosas asombrosas. Con la fe tenemos coraje para arriesgarnos... y correr riesgos que traen aparejadas recompensas tremendas. Estoy de acuerdo con Leo Buscaglia: «Quien nada arriesga... evitará quizá el sufrimiento y el dolor, pero sencillamente no podrá aprender y sentir y cambiar y crecer y amar y vivir».

Es crucial que corramos riesgos si queremos ir más allá de nuestro dolor y usarlo como trampolín hacia una fe más profunda. Confiando en que Dios siempre quiere lo mejor

207

para nosotros, el riesgo se aferra a la fe y echa fuera el miedo. Es saber que pase lo que pase Dios será nuestra roca, nuestro refugio. Jeremías lo dijo bien cuando escribió: «Bendito el hombre que confía en el Señor, y pone su confianza en él. Será como un árbol plantado junto al agua, que extiende sus raíces hacia la corriente; no teme que llegue el calor, y sus hojas están siempre verdes. En época de sequía no se angustia, y nunca deja de dar fruto» (Jeremías 17:7-8).

Decisión número 4: Tener paciencia y ser persistentes

La sanidad rara vez llega rápido. Con frecuencia avanza despacio, con pasitos como los de un bebé. A veces nuestro crecimiento es casi imperceptible. Otras veces dará tres pasos adelante y dos pasos atrás. Y en ocasiones sentimos que estamos en punto muerto, preguntándonos si alguna vez algo cambiará.

El siglo veintiuno es un mundo impaciente. Queremos todo YA. Al instante. ¿Recuerdas las computadoras personales de hace diez o quince años? Nos parecían maravillosas. La última tecnología. ¿Pensaste alguna vez que encender la máquina o iniciar un programa llevaba demasiado tiempo? ¿Estás bromeando? Eran segundos nada más. Pero si hoy usáramos esas máquinas, las pausas y demoras nos harían enloquecer. Estamos acostumbrados a que todo sea instantáneo.

Y cuando las cosas no suceden todo lo rápido que esperamos, nos enojamos o sencillamente renunciamos. En su potente clásico *Imitación de Cristo,* Tomás de Kempis escribió: «Todos elogian la paciencia, pero son pocos los que están dispuestos a ponerla en práctica».

Puede ser... pero para crecer y sanar hace falta aprender lo que es la paciencia. Porque no importa cuánto nos esforcemos, es Dios quien tiene el control supremo de lo que sucederá. Peter Marshall oraba: «Enséñanos, oh Señor, la disciplina de la paciencia, porque esperar muchas veces cuesta más esfuerzo que trabajar».

La paciencia es un acto de fe. Una vez que nos arriesgamos tenemos que esperar. David nos dice: «Guarda silencio ante el SEÑOR, y espera en él con paciencia [...] y vive según su voluntad» (Salmo 37:7,34). La impaciencia no nos lleva a ningún lado positivo. Por cierto, con frecuencia aumenta nuestra frustración e irritabilidad y hace crecer el enojo, el miedo, la vergüenza y la pena. La paciencia da un paso adelante, confiando en que Dios nos llevará donde Él quiera y según sus tiempos.

La paciencia nunca llega a nuestras vidas con las manos vacías... siempre trae un enorme paquete de incomparables recompensas que incluyen la sabiduría, la fe y la paz.

La paciencia tiene una hermana. ¿Lo sabías? Se llama *persistencia*. La persistencia jamás se da por vencida. Mientras la paciencia espera, la persistencia espera, y espera... y espera. Las cosas grandes llevan tiempo. Se requiere tiempo para construir una casa, para escribir un libro, para que la semilla germine y dé hermosas flores. Calvin Coolidge dijo: «Nada en el mundo puede reemplazar a la persistencia». La determinación de seguir en carrera aunque te duela el costado y tus piernas ya no den más, es la imagen de la autodisciplina en acción. La persistencia cae cinco veces, y se levanta seis veces.

Catherine Marshall luchó contra miedos terribles, pero no permitió que la controlaran. Después de casarse con Peter se mudaron a Washington DC, donde él fue pastor de una prestigiosa iglesia y capellán del Senado de los EE.UU. Unos años más tarde, a Catherin le diagnosticaron tuberculosis. Pasó los siguientes dos años aislada en su habitación, peleando contra la enfermedad. Sufría dolor y peor aun era la soledad y la depresión. Pero con persistencia, Catherine siguió insistiendo hasta recuperar la salud y echar fuera la depresión.

Luego, sin aviso previo, Peter murió de un ataque al corazón. El mundo de Catherine se derrumbó y esta vez se preguntó si lograría salir del pozo. Su persistencia, sin embargo, la obligó a aceptar la realidad, a dejar atrás el miedo, a arriesgarse. Pronto se convirtió en una escritora de éxitos de librería y en reconocida disertante. Escribió: «La fe se fortalece cuando nos quedamos a su lado en la hora de nuestra tribulación».

Todo es posible

Cuando sufrimos un golpe queremos hacer todo lo posible por evitar otro. Nos volvemos cautelosos, desconfiados. A veces nuestra preocupación nos mantiene insomnes por la noche y nuestro miedo nos paraliza durante el día. Evitamos a ciertas personas, lugares o actividades. Nuestras heridas nos roban la inocencia y sentimos que jamás podremos volver a confiar como antes. Si no tomamos cuidado, nuestras heridas hacen que nuestro mundo y sus maravillosas posibilidades se encojan y limiten.

La única forma de crecer es aprendiendo a confiar de nuevo.

Me encanta lo que Moisés dijo: «Elige, pues, la vida» (Deuteronomio 30:19). Es lo que deseamos para ti.

¿Recuerdas a Lisa? ¿Recuerdas que quería morir cuando Kyle la abandonó por Joy? Durante el año siguiente pasó por todas las emociones negativas que puedan existir: del enojo al odio, de la pena a la vergüenza. Pasó horas y horas llorando, sintiendo autocompasión.

Luego, una mañana se miró al espejo y notó lo patética que se veía. Decidió en ese momento que podía dejar que su dolor la destruyera, o que podía volver a vivir.

Así que se cepilló el cabello, se maquilló y fue a comprar ropa nueva. Luego llamó a unas amigas y se reunieron para almorzar. En esa semana aceptó su situación, dejó atrás el enojo y el dolor y comenzó a correr riesgos otra vez. Ese día eligió vivir y confiar de nuevo.

¿Le fue más fácil vivir el día siguiente habiendo tomado esa decisión?

No. Todo el dolor, las dificultades y las penas volvieron cuando se sentó al borde de la cama y se restregó los ojos.

Pero Lisa decidió salir adelante, un día a la vez. Pasaron los meses y sí se hizo más fácil vivir. Claro que hubo recaídas. Pero con cada recaída Lisa decidía volver a arriesgarse.

Cuando conoció a Chad sintió terror. ¿Y si era un tonto? ¿Y si la lastimaba? ¿Y si no era confiable?

Salieron durante dos años, se enamoraron y hoy están casados. Chad adoptó a los dos hijos de Lisa y esta nueva familia es más feliz de lo que Lisa creía posible. Si le preguntáramos a Lisa si vale la pena volver a confiar, sonreiría y diría: «Si no me hubiera arriesgado a confiar de nuevo jamás habría descubierto lo bueno que puede ser Dios».

1. ¿Qué dolor del pasado te está hundiendo? ¿Qué te impide olvidar y dejar ir? ¿Son los pensamientos confusos? ¿Los sentimientos que te abruman? ¿La indecisión?

2. ¿Qué temores te impiden correr el riesgo que hace falta para avanzar? ¿Cuál es el riesgo específico que deberías correr hoy para poder empezar a salir adelante?

3. La sanidad requiere paciencia. ¿Qué es lo que te dices, que te impide relajarte cuando las cosas no salen según tus horarios o tiempos?

4. Deuteronomio 30:19 nos revela el corazón de Dios para cada uno de nosotros. «Elige, pues, la vida». ¿Qué significa esto para ti? ¿Qué puedes hacer hoy que simbolice que eliges la vida?

Por favor, sé amable contigo misma

[Pam]

> La renovación y la restauración no son lujos.
> Son cosas esenciales... No hay nada envidiable ni
> espiritual en... un ataque de nervios. Una agenda
> superocupada... tampoco es señal de una vida productiva.
>
> CHUCK SWINDOLL

a una amiga mía hace poco la operaron para extirparle la vesícula. Es asistente ejecutiva y está acostumbrada a desplegar mucha energía manteniendo un alto nivel de productividad.

Sin embargo la recuperación se cobraba su precio.

Cuando se quejó con el médico porque seguía sintiéndose cansada después de seis semanas, este le dijo: «Después de una cirugía como esta, el cuerpo sana al ritmo del quince por ciento por mes, desde adentro hacia fuera, siempre y cuando la persona descanse y se cuide bien. Si te esfuerzas por demás, estarás demorando tu recuperación».

Cuando la vida nos asesta un golpe duro y nos deja con una dolorosa herida emocional, es como si nuestra psique pasara por cirugía mayor. Debemos ser buenas con nosotras mismas y darnos tiempo y reposo para poder recuperarnos. Pero para muchas, el estar sumergidas en esta cultura de alta velocidad, bytes por segundo y tecnología, pareciera que *reposo* es una mala palabra. Empujamos, empujamos y seguimos empujando hacia adelante para hacer, hacer y hacer cada vez más. Así abandonamos nuestras necesidades básicas. Por desdicha, la vida vivida a 180 km/h impedirá o demorará el proceso de sanidad.

Cuando yo tenía poco más de treinta años una de mis mentoras me dijo: «Pam, nadie más que tú puede cuidarte. No te limites a vivir con restos de energía. Estás en un maratón, no en una carrera de velocidad. Debes encontrar el ritmo adecuado».

En ese momento estaba estudiando en la universidad y ayudaba a mi esposo John en su trabajo con más de trescientos jóvenes. Además estaba escribiendo mi primer libro, *Brazos vacíos*, después de haber perdido a nuestro primer bebé.

Mi mentora notó que estaba fatigada.

En un esfuerzo por ayudarme a recuperar el equilibrio me alentó a ser buena conmigo misma, adoptando unas cuantas prácticas básicas: dormir, reducir la estimulación y tener expectativas realistas. Sabía que si yo quitaba uno o más de estos componentes de la ecuación correría el riesgo de agotarme y no llegar a ser la persona que quería ser.

El poder del buen sueño

Hace años asistí a un seminario profesional con un psicólogo graduado en Harvard que se especializaba en el tratamiento de personas que sufrían de ansiedad y depresión. Hizo una declaración que me impactó: «Muchos pacientes pueden reducir sus síntomas de ansiedad y depresión a la mitad si duermen entre ocho y nueve horas por noche».

Tenía sentido para mí. A causa de la forma intrincada en que nos formó nuestro Creador, es en verdad imposible lograr la plena salud mental si nos privamos de las cosas básicas que necesita nuestro cuerpo.

La falta de descanso, por supuesto, es un dilema común entre los norteamericanos. Trabajamos, criamos a los hijos, edificamos nuestro matrimonio, atendemos a las amistades e intentamos encajar en nuestra agenda las actividades recreativas. Nuestros calendarios están llenos de anotaciones que indican cosas «que hay que hacer», y jamás nos alcanzan las horas del día para cumplir con todo.

Aunque esto es verdad, tenemos que recordar que el sueño es una de las formas primarias en las que se renueva el cuerpo. Todos sabemos que quienes intentan vivir con menos de cuatro o cinco horas de sueño durante un período de tiempo considerable, corren mayor riesgo de morir prematuramente. Por otra parte, los expertos médicos están de acuerdo en que el buen sueño reduce la perturbación emocional y nos da energías como para enfrentar el estrés de la vida diaria.

Quienes han pasado por un trauma muchas veces no logran conciliar el sueño, o tienen insomnio y duermen de a ratos.

CAUSAS FÍSICAS DEL INSOMNIO

- Artritis u otro tipo de dolor crónico.
- Perturbaciones del sistema endocrino.
- Uso exagerado de ciertas sustancias químicas como la cafeína o los descongestionantes.
- Síndrome de abstinencia del alcohol o analgésicos.
- Perturbaciones en el reloj biológico a causa de viajes que atraviesan husos horarios, o por atender a los bebés pequeños de madrugada.

Es cierto también que los conflictos emocionales derivados del dolor, la depresión, la ansiedad y el estrés crónico también dificultan el buen dormir. En este caso, se puede entrar en un círculo vicioso. El alto estrés causa insomnio y el insomnio produce más estrés. Hay que romper el ciclo para que se restaure la química del cerebro.

Ninguno de nuestros bebés durmió la noche entera, por lo que durante los primeros meses mi rutina incluyó alimentarlos varias veces durante la noche. Las necesidades de los bebés y mis cambios hormonales significaron meses de sueño interrumpido. Cuando mi cuerpo no se renovaba de forma adecuada durante la noche, mis niveles de motivación y energía eran bajos al día siguiente. Me sentía agitada, ansiosa y alterada ante cualquier nimiedad. Hubo momentos en que despertaba en medio de la noche aunque todos durmieran y no hubiera ruido. Era como si mi cuerpo estuviera enviando señales para que me pusiera en estado de alerta continuo, cuando no había motivo de alarma alguno.

Por el bien de mi cordura sabía que tenía que hacer algo para poder dormir bien, pero no sabía qué. Los bebés tenían que comer, y yo era su fuente de alimento. John y yo pensamos en diversas opciones y luego formamos un plan. Él se ofreció a reemplazarme, dándoles a los bebés un biberón por noche para que yo pudiera dormir cuatro o cinco horas seguidas. Para reponer mis energías para el resto del día, también decidí dormir una siesta de al menos treinta minutos cada tarde mientras dormían los niños. Las tareas de la casa tendrían que quedar en segundo lugar. Lo primero era mi salud.

Después de establecer esta nueva rutina noté una gran diferencia. Mejoró mi estado de ánimo y tenía más energía durante el día. Ya no me costaba tomar decisiones y las tareas no me pesaban tanto. Además, las pequeñas molestias ya no me hacían estallar. Unas semanas más tarde, las respuestas nocturnas al sistema de alarma de mi cuerpo habían desaparecido y ya no despertaba a cada rato.

Hace poco me enteré de que el cuarenta por ciento de las mujeres de más de cuarenta años sufren de insomnio por períodos. Los estudios científicos suponen que esto tiene relación con los cambios hormonales previos a la menopausia. Además, las mujeres suelen sufrir de insomnio más que los hombres. Las dietas, más comunes entre las mujeres, también pueden hacer bajar la temperatura corporal, interfiriendo con el buen sueño.

Cuando estamos soportando momentos de estrés o dificultades, nuestros cuerpos pueden requerir más sueño todavía. Recuerdo haber hablado con una madre cuyo hijito de once meses había muerto durante una cirugía con complicaciones. «Lo único que quiero es dormir», me dijo.

Una de las banderas rojas de la depresión es el deseo de dormir más de lo necesario, pero percibí que había algo más. Después de que muriera su bebé, la mujer había tomado un nuevo empleo de tiempo completo y trabajaba unas diez horas al día como asistente ejecutiva. Cuando le pregunté cuánto dormía me dijo: «Desde las nueve de la noche a las siete de la mañana», como si fuera ridículo pasar tanto tiempo en la cama. Jamás se le había ocurrido que su cuerpo necesitara dormir más a causa de la pesada carga emocional que le había sido impuesta con la pérdida de su hijo y el nuevo empleo.

Desde mi punto de vista esas diez horas no señalaban una patología... sino buen cuidado de sí misma.

217

Todos nos hemos encontrado quizá en situaciones problemáticas que no nos confunden si hemos dormido bien, pero que amenazan con derribarnos si estamos agotados. El cuerpo necesita tiempo para renovarse, recuperar energías y restaurarse cuando cargamos un peso emocional.

Si te sientes irritable, agitada, ansiosa, incapaz de apagar las luces de tu cerebro por la noche, entonces debes saber que el ejercicio físico es algo obligatorio en tu caso. No es una opción. Y aunque no soy experta en fisiología, como consejera clínica conozco los beneficios mentales y emocionales del ejercicio. Los estudios demuestran que es una forma fácil y económica de mejorar el ánimo, disminuir la agitación y dar una sensación de calma al cerebro. Las endorfinas liberadas durante el ejercicio aeróbico son potentes elevadores del estado de ánimo y tranquilizantes naturales.

El ejercicio que se realiza en pos de mejorar nuestro estado emocional solo requiere de unos treinta a cuarenta minutos varias veces por semana. No necesitamos pasar horas en el gimnasio. Algunos expertos dicen que con treinta minutos de ejercicio que aumente el ritmo cardíaco de manera uniforme, se altera la química del cerebro de la misma forma que si se toman antidepresivos. Como toma solo unos minutos elevar el ritmo cardíaco, aliento a mis clientes a apartar unos treinta minutos como mínimo para la actividad aeróbica.

Tu cuerpo jamás te mentirá. Si te sientes inquieta, al borde del ataque de nervios, incapaz de dormir por las noches, entonces presta atención a tus necesidades físicas. Para mejorar tu sueño quizá te convenga tomar en cuenta lo siguiente:

- No beber cafeína ni comer alimentos que contengan cafeína (chocolate) al menos seis horas antes de ir a dormir.

- No usar descongestionantes al menos seis horas antes de ir a dormir. Los descongestionantes con acción continua durante veinticuatro horas pueden interrumpir el sueño. Una buena alternativa son los antihistamínicos tomados por la noche, ya que causan somnolencia.

- No bebas alcohol de cuatro a seis horas antes de ir a dormir. Aunque puede darte sueño al inicio, también podrá interrumpir el sueño profundo.

- No te ejercites dentro de las cuatro horas previas al momento de ir a dormir. Las hormonas que libera el cerebro cuando hacemos ejercicio pueden interrumpir el sueño. El sueño óptimo parece darse cuando uno hace ejercicio unas seis horas antes de ir a dormir.

- Toma un baño caliente o intenta alguna otra actividad relajante durante la hora previa al momento de ir a dormir para que el cuerpo se calme de manera natural.

- Bebe un té de hierbas mientras lees un buen libro en un lugar cómodo y tranquilo.

Si intentas todas estas cosas y aun así encuentras que no puedes dormir bien, es probable que sea el momento de consultar con tu médico. Hay doctores que sugieren probar con un antihistamínico a la hora de dormir para inducir el sueño. También pueden utilizarse ayudas a corto plazo para romper el ciclo del insomnio y recuperar el ritmo biológico.

Quizá te convenga hablar con un nutricionista califica-
do que podrá sugerirte que tomes suplementos minerales y
vitamínicos. Hay elementos como la valeriana, el kava kava,
la melatonina y la manzanilla que calman el sistema nervio-
so central. Con apenas un ajuste mínimo podrías notar una
gran diferencia. Aunque solo duermas treinta minutos más
cada noche, tu cerebro te recompensará funcionando mejor.

Reducir los estímulos

Durante unos meses después de que falleciera nuestro primer bebé, me sentía devastada por el dolor y preocupada
porque nunca más pudiésemos tener un hijo El estrés de la
pérdida y los cambios hormonales de mi cuerpo me dejaron
en extremo frágil. Antes de perder a nuestro bebé, mi esposo y yo leíamos el periódico por la mañana antes de ir a trabajar y por la noche mirábamos el noticiero.

Después, sin embargo, noté que no podía ver películas,
escuchar canciones o ver programas de televisión con alto
contenido emocional. La excesiva estimulación me dejaba el
estómago hecho un nudo. Sencillamente no tenía energía
emocional como para metabolizar malas noticias de golpe.

El dolor suele distorsionar nuestra percepción. Todo nos
parece malo y si a esto le agregamos más mal, nos sentiremos
peor.

Durante varios meses tuve que controlar cuidadosamen-
te lo que leía, escuchaba o veía. Dejé de leer el periódico y
elegía material de lectura que nutriera a mi espíritu. Las
Escrituras y libros devocionales calmaban mis nervios y me
brindaban consuelo. Aunque no me gustaba la idea de estar

fuera de contacto con lo que sucedía en el mundo, disfrutaba de mayor paz mental.

La música instrumental con melodías suaves tenía un efecto calmante para mis emociones. Las cosas positivas del exterior ayudaban a calmar mi interior y me daban fuerzas para elaborar mi duelo.

Como hace veinticinco años que trabajo como consejera, he observado una nueva tendencia que puede complicar la sanidad emocional. Cada vez tengo más clientes que me cuentan que por la noche, después del trabajo o cuando los niños se han ido a dormir, suelen pasar horas y horas navegando por Internet.

Para quienes son algo ansiosos socialmente, Internet puede parecer un lugar seguro donde interactuar con otras personas. No hay contacto cara a cara y si no quieren seguir interactuando con alguien se desconectan con un clic, y listo.

Por favor, no me malentiendas. Yo uso Internet de manera regular y por diferentes motivos. Es una herramienta maravillosa. Pero cuando la red se convierte en fuente principal de relaciones, o cuando el impacto estimulante de la actividad te roba horas de sueño o interacción con amigos o familiares, surgen los problemas.

Las amistades virtuales no pueden satisfacer nuestra necesidad de conexión humana porque gran parte de lo que se percibe en línea es solo una mínima porción de la realidad: la realidad que el otro quiere que veas en la palabra escrita, que no es la imagen completa de lo que esta persona es en verdad.

He conocido hombres y mujeres, engañados al creer que conocieron a su Mujer Perfecta o al Príncipe Azul en las salas de charlas. Fue duro despertar del sueño cuando con el tiempo descubrieron que habían desperdiciado horas, y hasta meses de sus vidas, en una fantasiosa ilusión que se les presentó en forma de texto. Y peor aun, he hablado con clientes que sin saberlo estuvieron conversando con abusadores. Lo que comenzó como una conversación inocente en una sala de charla, llevó a una serie de sucesos desagradables y molestos. No quiero ser pájaro de mal agüero, pero sí debo sugerirte que seas cautelosa y te impongas límites para la interacción por Internet.

Las investigaciones apoyan la importancia de mantener un equilibrio. Hace poco leí un estudio financiado por un grupo de empresas de computación. Los investigadores fueron a un pueblo de Pensilvania y seleccionaron hogares que no tenían acceso a Internet. Las familias que acordaron participar en el estudio recibieron una computadora y acceso a Internet a cambio del derecho de los investigadores a estudiarlos durante dos años.

Al principio y al final del período de prueba los participantes se sometieron a un test psicológico. No creo que las empresas de computación esperaran los resultados que obtuvieron. Al cabo de dos años, el estudio demostró que quienes pasaban más de una hora al día navegando por Internet estaban mucho más deprimidos que antes de que tuvieran acceso a la red[3].

No tenemos que verlo todo en blanco y negro. El término medio es la clave. Cuando intentamos recuperarnos de una herida emocional necesitamos hacer un inventario de todo lo que acosa nuestros sentidos. A veces los medios y la computadora son formas de escapar al dolor. Pero si nos bombardean con mensajes emocionalmente intensos o tóxicos, o si el tiempo que pasamos en estas actividades nos roba el descanso o el tiempo con las personas que amamos, podríamos estar complicando o prolongando nuestro proceso de sanidad.

Un viejo sabio llamado Pedro escribió: «el que quiera amar la vida y gozar de días felices [...] que busque la paz y la siga» (1 Pedro 3:10-11). ¿Estás lista para un desafío? Hasta los ajustes más pequeños pueden reducir la estimulación con un impacto positivo en tu estado emocional. ¿Por qué no ser buena contigo misma? Acalla parte del ruido exterior durante una o dos semanas y ve si tu mundo te parece un lugar más pacífico donde vivir.

Repasa tus expectativas

223

Dicen que uno obtiene lo que espera. Pero, ¿qué saben los que dicen esto en todo caso?

Launi esperaba casarse y ser feliz para siempre. No fue así.

Tammy, Jacke, Martin y Len esperaban que sus cónyuges les fueran fieles. No fue así.

Bob y Dave esperaban que las ganancias de su empresa aumentaran un veinticinco por ciento el año pasado. En cambio, fueron a la bancarrota.

Karen y Phil esperaban que su hijo fuera a la universidad en el otoño. El chico murió en un accidente con la motocicleta esa primavera.

Darcey, Mira, Judy y yo esperábamos dar a luz a bebés sanos. Sin embargo, las cuatro tenemos hijos con necesidades especiales.

Hace poco leí un pasaje de las Escrituras que me habló sobre el sufrimiento y las expectativas. Jesús hablaba sobre lo que cada uno podía esperar para su vida, y dijo: «Si alguien quiere ser mi discípulo, que se niegue a sí mismo, lleve su cruz cada día y me siga. Porque el que quiera salvar su vida, la perderá; pero el que pierda su vida por mi causa, la salvará» (Lucas 9:23-24). La versión *The Message* en inglés dice: «Quien quiera venir conmigo tendrá que dejar que yo sea su guía. No son ustedes quienes conducen sino yo. No escapen del sufrimiento, y en cambio acéptenlo. Síganme y les mostraré cómo. La autoayuda no es ayuda para nadie».

Como miembros de la raza humana hemos de esperar el sufrimiento. El dolor. La pena y la desilusión. Debemos esperar lo inesperado. Pero aunque todo esto es verdad, también podemos esperar mientras dejamos que Dios sea quien guíe. Él nos dará lo que haga falta para soportar las heridas que suframos. Nos mostrará cómo navegar por el mar tormentoso que en ocasiones borra el horizonte de nuestras vidas.

Cuando buscamos sanar de los duros golpes que nos asesta la vida, necesitamos ser especialmente buenas con nosotras mismas y repasar nuestras expectativas para que concuerden con la realidad de nuestra situación actual.

Como dijo el Dr. Stephens en un capítulo anterior, debemos aceptar la verdad. Lo que es, es. Seguir aferrándonos a expectativas que no están respaldadas por la realidad hará que nos hundamos todavía más en un negro pozo de desesperación. Si queremos sanar y mejorar la calidad de nuestra vida tenemos que olvidar las expectativas poco realistas.

Desde que nuestro hijo nació con síndrome de Down he tenido que repasar periódicamente mis expectativas y hacer ajustes.

No puedo esperar que Nathan lea un libro en voz alta, o escriba un informe como lo hicieron nuestros otros hijos en la escuela primaria. Si me aferro a esa expectativa, haré que mi dolor sea perpetuo y frustraré a Nathan. Lo que sí puedo esperar es que sepa leer. Este es un objetivo tangible y asequible para él.

No puedo esperar que John y yo tengamos el nido vacío en unos pocos años más, como lo habíamos pensado. Lo que sí puedo esperar es que lo que venga será bueno y que Dios estará con nosotros.

No puedo esperar que Dios resguarde a mis hijos de toda adversidad y dolor. No puedo esperar que sus vidas estén libres de sufrimiento. La ausencia de dolor no existe de este lado del cielo. Pero sí puedo esperar que la gracia y bondad de Dios les basten para enfrentar toda situación. Puedo esperar que Dios transforme cualquier realidad por dura que sea, en algo que en última instancia obre para su bien y para gloria de Él.

No puedo esperar ser siempre sabia, paciente y atenta. Quiero serlo, por supuesto, pero muchas veces no lo logro. Cuando estoy cansada, les ladro a mis hijos. Cuando encuentro veinticinco mensajes esperándome en el contestador, quiero salir corriendo. Aunque me esfuerzo no siempre soy lo que quiero ser. Pero *sí puedo esperar* que Dios derrame gracia sobre mis defectos cuando los presento ante Él, y me provea fuerzas y tiempo para que me restaure.

En momentos de debilidad veo lo profunda y desesperada que es mi necesidad de Dios y de su poder para cambiar-
me. Allí es cuando tengo que aferrarme con fuerzas a la
expectativa de que Él acabe la obra que comenzó en mí.
Entonces debo pararme sobre la promesa de que su poder en
mí «puede hacer muchísimo más que todo lo que podamos
imaginarnos o pedir, por el poder que obra eficazmente en
nosotros» (Efesios 3:20).

La vida no siempre nos da lo que esperamos. Pero si nos
mantenemos abiertas a nuevas posibilidades, el camino
puede ser una aventura. El paisaje no siempre será lo que
podríamos haber elegido o imaginado, pero puede ser muy,
muy bueno de veras. De una forma u otra Dios nos llevará
a nuestro destino final en el cielo. Y entonces se revelará la
plenitud de su bondad y *toda expectativa que hayamos tenido
se verá absurdamente pequeña de la realidad que veremos.*

Hasta tanto llegue ese día, por favor, sé buena contigo
misma.

Apóyate y relájate

Es asombroso todo lo que los niños nos pueden enseñar sobre
la vida. Quiero contarle una experiencia que tuve con mi hijo
Nathan, cuando estaba elaborando mi duelo a causa de todo
lo que perdería por tener síndrome de Down. Fue otra de esas
ocasiones en que el Señor me habló con imágenes.

Una tarde mientras observaba a Nathan haciendo sus
ejercicio de terapia física, Dios me enseñó una lección sobre
mi necesidad de descansar en Él.

Poco después de que Nathan naciera lo inscribimos en un programa de estimulación temprana en el que su mente y cuerpo serían ejercitados por terapeutas calificados, a modo de mejorar su desarrollo. De muy pequeño Nathan participaba en sesiones individuales, pero cuando aprendió a caminar entró en un aula con varios niños más que tenían necesidades especiales.

En la primera parte de la clase los niños se reunían en una sala espaciosa y abierta donde un fisioterapeuta les hacía hacer ejercicios para aumentar el tono muscular y desarrollar habilidades motoras. Había música rítmica y los niños se esforzaban por tocarse los dedos de los pies, extender los brazos, aplaudir, doblarse y estirarse.

Recuerdo haber visto rutinas similares cuando Jessie y Ben estaban en preescolar. «A tocarse la cabeza, los hombros, las rodillas y los pies», cantaban los niños junto con la música y moviéndose con ritmo. Sus movimientos acompañaban los compases. Sus acciones eran precisas, definidas, coherentes.

Pero en la clase de Nathan la cosa era muy distinta.

Los movimientos de los chicos eran torpes y no se sincronizaban con los del líder. Si uno de los chicos lograba bailar al ritmo de la música, era por accidente.

Sin embargo, llegó el día en que Nathan sintió orgullo porque logró hacerlo a la perfección. Estaba bailando en sintonía con el terapeuta, y lo logró durante el tiempo que duró la canción. No se equivocó ni una sola vez. Todos los movimientos fueron perfectos. No era porque habíamos practicado con él en casa cientos de veces, ni porque su tono muscular se hubiera hecho firme de la noche a la mañana.

Ese día, habían elegido a Nathan para una demostración. El terapeuta le había pedido que pasara al frente mirando al grupo mientras él permanecía detrás.

«Nathan, apóyate en mí y pon tus manos en las mías», le indicó.

Observé cómo el cuerpecito de Nathan se relajaba mientras ponía sus manos sobre las palmas de su guía. Cuando comenzó la música, el terapeuta guió los brazos de mi hijo según iba la rutina: *uno, dos, tres, cuatro. Arriba, abajo, al costado. Juntas. Separadas, aplaudo, aplaudo, aplaudo.*

Los bracitos de Nathan hacían todo lo que tenían que hacer, y él se entregaba a la guía de su terapeuta. Lo único que tenía que hacer era apoyarse y relajarse. El resto del trabajo le correspondía a quien lo guiaba. La debilidad de Nathan fue su mayor fortaleza ese día.

Sentí vergüenza. Estábamos en medio del *aplauso, aplauso, uno, dos, uno, dos,* y yo lloraba sin poder contener las lágrimas. Me pregunté qué pensarían los otros padres. *¿Qué tanto? Seguro que se emociona porque eligieron a su hijo para la demostración.*

Pero no era eso. Era mucho más.

El Señor me estaba hablando, con suavidad y ternura a través de mi hijo. Me mostró que yo necesitaba apoyarme y relajarme en la seguridad de los brazos de mi Padre. Me estaba dando un empujoncito para que olvidara todo aquello que me perturbaba.

Con nueva conciencia de mis propias desventajas, percibí que el Señor me afirmaba que su gracia me bastaría. Si perdía el equilibrio y tropezaba con algún obstáculo en el camino, Dios me afirmaría y me sostendría. Cuando perdiera el ritmo, Él me ayudaría a sincronizarme otra vez. Cuanto mayor es mi debilidad, mucho más se ve la fuerza de Dios en mí.

No necesito ser fuerte para ser fuerte. Tampoco tú.

Cuando aprendemos a apoyarnos y descansar en Dios, el tiempo se convierte en amigo nuestro. A medida que pasa comenzamos a experimentar sanidad espiritual y emocional. Un día vemos que ya no sentimos tanto dolor como la semana o el mes anterior. Reímos un poco más y el nubarrón que viene y va ya no permanece tanto tiempo sobre nuestras cabezas. Recordamos, claro está, pero el dolor disminuye. Comenzamos a ver que los días de duelo van dando lugar a un gozo nuevo.

Percibimos los fuertes brazos de nuestro Redentor, cargándonos por el valle de sombras. Confiamos en que Él está haciéndonos transitar sus planes, para llegar a sus propósitos, llevándonos por los espacios brillantes y abiertos de su gracia. Y con el tiempo le conocemos como el que transforma nuestro «"Valle de Penas" en una "Puerta de Esperanza"», y finalmente nos encontraremos «como en los días de [nuestra] juventud» (Oseas 2:15, LBD).

Preguntas para reflexionar

1. ¿Cuándo fue la última vez que dormiste bien toda la noche? ¿Qué es lo que suele impedirte dormir bien?

2. ¿Qué actividades son las que más te calman y relajan? ¿Con qué frecuencia realizas estas actividades? Por favor, redobla tus esfuerzos para poder realizarlas.

3. ¿Cuáles son las tres expectativas poco realistas que tienes para tu vida? ¿De qué manera te preparan para la desilusión?

4. Encuentra un buen libro, una revista o una película que te guste. Siéntate en un sillón cómodo con tu bebida favorita y ¡disfruta!

Cuenta tu historia

[Steve]

Dios te ha dado una historia maravillosa.
No la desperdicies.

ANÓNIMO

Kim amaba a su padre y a su madre.

A los nueve años el divorcio la estaba partiendo en dos. Su corazón sufría y el dolor no podía expresarse con palabras. Vio cómo su padre caía en una depresión que se hacía cada vez más oscura. Cuando parecía que la vida no podía empeorar todavía más, su papá mató a su mamá y luego se suicidó.

El dolor de Kim fue mayor de lo que podía soportar y durante días y días no pudo parar de llorar. Se mudó a la casa de sus abuelos, que le compraron un caballito para distraerla un poco. Montar a Luciérnaga era el refugio de Kim, un lugar donde escapar del destrozo de su vida. Galopando por el campo iba tan rápido que las lágrimas se le secaban en las mejillas, y dejaba atrás todos sus problemas. Con el tiempo las heridas de Kim sanaron, y se casó con un hombre maravilloso.

Entonces Dios le dio un sueño a Kim.

Le hizo saber que su historia no tenía que desperdiciarse. Que así como un caballito le había salvado la vida sanando sus heridas, lo mismo podía suceder con otros niños. Entonces de su historia nació la Estancia para Jóvenes de Crystal Peaks, una granja sin fines de lucro donde caballos abandonados y niños que sufren encuentran un espacio de esperanza y sanidad.

La noche más oscura puede dar lugar a un glorioso amanecer. Y una herida trágica puede abrir un escenario donde se desarrolle una maravillosa historia. En el libro titulado *Hope Rising* [Esperanza que nace], Kim Meeder relata su historia y la de los chicos y chicas de su granja. En la última página escribió: «Como si estuviéramos en un sendero de una montaña, podemos elegir hacia dónde ir... Al enfrentar el dolor podemos elegir ir por el sendero que desciende y casi siempre nos lleva a un lugar de soledad y oscuridad... o podemos elegir el sendero ascendente que, con cierto esfuerzo y perseverancia, nos llevará a elegir que nuestro dolor sea la motivación para convertirnos en personas mejores, que avanzamos hacia un lugar mejor».

Ese sendero ascendente implica la transformación del dolor en promesa de esperanza. La mejor forma de hacerlo es relatando nuestra historia.

Hablar y comunicar

No hay que esconder las historias. Nuestra historia es muy importante, porque forma parte de lo que somos. Puede llegar a otros, alentarlos, inspirarlos. Puede cambiar sus vidas.

Cuando Jesús dice: «Ni se enciende una lámpara para cubrirla con un cajón. Por el contrario, se pone en la repisa para que alumbre a todos los que están en la casa» (Mateo 5:15), está hablando sobre nuestras vidas en su totalidad. A lo largo del Antiguo Testamento se nos dice que recordemos lo que ha hecho Dios. Asaf, uno de los escritores de los Salmos, declaró:

Prefiero recordar las hazañas del SEÑOR,
    traer a la memoria sus milagros de antaño.
Meditaré en todas tus proezas;
    evocaré tus obras poderosas
(Salmo 77:11-12)

No son solo bellos pensamientos de un buen hombre. Son escritos para inspirar a otros. Y aquí estamos, cuatro mil años más tarde, respondiendo a estas palabras.

Todos necesitamos estar preparados para contar nuestra historia en cualquier momento y lugar. Es sorprendente que al hablar de nuestro dolor se puedan derribar los muros que apartan a las personas. Nos conectamos con los demás y los corazones se abren. De repente el orgullo y lo fingido se esfuman. Somos entonces dos viajeros heridos que buscan la gracia y el consuelo de Dios.

Hace falta *coraje* para contar nuestra historia, porque tenemos que exponer nuestras heridas y esto nos hace vulnerables. También hace falta *compasión* porque cuando nuestro corazón llora por el dolor ajeno, anhelamos hacer algo por aliviar a los demás. Nuestra historia nos conecta con la suya y con su dolor. Y mientras estamos junto a ellos mostrándoles nuestras heridas, ya no se sienten aislados y solos.

Hablar y comunicar requiere de preparación. Tenemos que pensar lo que queremos decir. Al hablar necesitamos ser capaces de responder a estas preguntas:

- ¿Cuál es mi herida?

- ¿Cuándo sucedió?

- ¿Qué sentí?

- ¿Cómo respondí?

- ¿Qué hizo Dios?

- ¿Qué aprendí?

- ¿Cómo puedo continuar usando mis heridas para ayudar a otras personas?

Al organizar nuestros pensamientos podemos hablar con más claridad. Por favor sé sincera. No hagas que tu descripción de lo que sucedió mejore o empeore las circunstancias. Debes saber que una historia relatada con sinceridad, con frecuencia es más potente que una que se relata a la perfección.

Como psicóloga escucho historias todo el día. Me encanta mi trabajo y me encanta escuchar estas historias. Me llegan al corazón y extienden mi fe. Deseo que todos pudieran oír las historias de búsqueda y esfuerzos como las oigo yo.

CÓMO CONTAR TU HISTORIA

1. Relájate

2. Sé sencilla

3. No la hagas demasiado larga

4. Sé realista

5. Responde las preguntas que te formulen

6. Cuenta lo que aprendiste

7. Muestra esperanza

8. Alienta en toda oportunidad

Las historias cambian vidas... pero solo si las contamos.

Lori era la mayor de tres hermanas. Creció en un hogar firmemente cristiano. Pero a los veintiún años, y siendo aún soltera, quedó encinta. Temiendo contar su historia se fue una fría mañana de diciembre a una clínica donde se le realizó un aborto.

Un año después Lori vino a verme, llena de culpa y vergüenza me contó su historia. Hablamos del perdón y la libertad, pero Lori estaba demasiado asustada como para hablar de su historia con otras personas.

Pasaron dos años y llegó Lana a mi oficina. Era la mediana de tres hermanas. Creció en un hogar firmemente cristiano, pero a los veinte años y siendo aún soltera, quedó encinta. Temiendo contar su historia, una mañana de abril fue a una clínica donde se le realizó un aborto. Hablamos del perdón y la sanidad pero Lana tenía demasiado miedo de contar su historia a otras personas, en especial a su familia.

Pasaron dos años más y llegó Lucy a mi oficina. Era la menor de tres hermanas. Con veintiún años y todavía soltera, quedó encinta. Como no conocía a nadie que pudiera entenderla fue sola a una clínica donde se le realizó un aborto. Hablamos del perdón y la alenté a hablar con sus hermanas.

Me dijo que Lori y Lana nunca lo entenderían. Eran las hermanas perfectas, y la rechazarían por traer vergüenza a la familia.

Sentí que el corazón se me partía. Tres hermanas que sufrían, cada una con miedo a contar su historia, cuando podrían haberse alentado, consolado y ayudado tanto. Por lo que sé, ninguna ha tenido el coraje de compartir su historia con las otras dos. ¡Qué terriblemente triste!

Siete pasos

Contar nuestra historia implica que necesitemos decisión, humildad y con entusiasmo dar siete pasos:

Hacer una pausa

Es fácil mantener silencio y enterrar el dolor en lo más profundo de nuestro corazón. El miedo al rechazo o a la vergüenza podrá silenciarnos todavía más. Pero como hace años que trabajo con hombres y mujeres en crisis, me he convencido de que las heridas que escondemos terminan causando mayor dolor.

Además, ¿cómo podría alguien ayudarte y consolarte si escondes tu dolor? En realidad, nuestro silencio suele ser egoísta porque con facilidad nos preocupamos más por protegernos a nosotros mismos que por ayudar a otros. Todos tenemos una potente historia de cómo enfrentamos situaciones difíciles. Hemos aprendido lecciones, entendido cosas, obteniendo perspectiva. Si callamos estamos desperdiciando nuestro dolor. Necesitamos hacer una pausa y animarnos a hablar.

Ponernos de pie

Necesitamos admitir lo que nos duele. Como todos tenemos obstáculos y penas, tenemos que dejar de fingir que todo está bien, y ponernos de pie para enfrentar la verdad. Tia, de quince años, contó su historia de rechazo y abandono en Internet. Terminó diciendo: «Me resultó difícil contar mi historia, pero quería ayudar a quienquiera que estuviese allí fuera».

Hace falta coraje para ponernos de pie y hablar, pero una persona que cuenta su historia alienta a otras a hacer lo mismo. Pronto ya no estamos solos y se puede romper el ciclo de la desesperanza, la indefensión y la desesperación.

Tenemos que buscar

Estamos rodeados de personas que quizá estén sufriendo. Pero estamos tan ocupados, distraídos o ensimismados que ni siquiera vemos que quien está con nosotros sufre. A veces quizá lo notamos pero... no sabemos qué hacer y entonces no le prestamos atención.

La mayoría de la gente que sufre deja algunas pistas... por si alguien con corazón llega a notarlas. Entre estas pistas hay algunas que son intencionales: suspiros, comentarios, lágrimas, o sencillamente la mirada vaga junto a la ventana. Hay otras pistas que no son intencionales pero que igualmente son claras: las ojeras, la distracción, los hombros caídos.

Necesitamos buscar, mirar y escuchar, para ver a quienes anhelan que los alentemos. Luego podremos acercarnos y hacerles saber que no están solos. La gente necesita saber que hay quien los aprecia y valora, en especial cuando están atrapados en el remolino de su dolor.

Necesitamos hablar

Para algunas personas es más fácil abrir su corazón. Hay otras que no encuentran las palabras adecuadas. Parte de lo que da significado y propósito a nuestro dolor es la capacidad de comunicar a los demás al menos algo de lo que hemos soportado.

Katherine tiene veinte años y es madre soltera. Escribe: «Oro por las otras víctimas, en especial las que han sido valientes y contaron sus historias, dándome inspiración».

Nuestras palabras, pronunciadas, cantadas o escritas, pueden dar esperanza y aliento a quien las oiga, pero en especial a los que todavía están luchando con su dolor.

Necesitamos servir

El trabajo voluntario para ayudar a quienes pasan por situaciones difíciles nos brinda una manera no verbal de ofrecer apoyo y afecto. El servicio es amor en acción y nos permite dar, así como otros nos dieron en nuestro momento de desesperación. (También puede abrir oportunidades para que cuentes tu historia). Ayudar a otros de la forma que sea es afirmar que nuestras heridas no nos disminuyeron ni nos destruyeron. En cambio, nos edificaron y definieron.

Nuestras heridas nos hacen ser mejores servidores.

Necesitamos sonreír

¿Quién puede sobrestimar el poder de una sonrisa y la actitud positiva que infunde esperanza en un alma que sufre? Cuando los demás oyen nuestra historia y ven que a pesar del dolor podemos tener esperanza y buen ánimo, tienen algo a lo que pueden aferrarse. ¡Qué buena influencia!

Piensa en una tarde nublada y triste, en que las nubes por un instante dejan pasar los rayos del sol, iluminando el sendero que atraviesa el bosque o que convierte el pavimento mojado por la lluvia en oro que brilla.

Así es el saludo sincero y cálido, el corazón alegre, la actitud positiva para quien está preso del desaliento. Nos convertimos en ejemplo de que hay luz más allá de la oscuridad.

Las personas heridas sienten que su dolor no acabará jamás y que el paisaje de su vida quedará desolado para siempre.

Sin embargo, una sonrisa y un corazón fortalecido con la esperanza en Dios les dirá que sigan luchando.

Allison tiene ahora treinta y cinco años y es ejecutiva en una compañía. Sus brazos están llenos de cicatrices de quemaduras, y oí su historia de depresión y odio hacia sí misma. Luego sonrió y dijo: «¡Úsame en tu libro! Diles que si yo puedo, cualquiera puede. Que no se rindan».

Necesitamos mostrar

Necesitamos mostrarle al mundo que la mayoría de nuestras limitaciones están en nuestra mente. Con ayuda de Dios hacemos cosas que creíamos imposibles. ¿Recuerdas la rebosante oración de David?

> Con tu apoyo me lanzaré contra un ejército;
> contigo, Dios mío, podré asaltar murallas.
> (Salmo 18:29)

No hay ejército ni muro de piedra que pueda quebrar la confianza de este hombre. Sus ojos están fijos en el Señor y cree en el Dios de lo imposible.

Deja que quienes sufren se enteren de que las heridas son una excusa débil para abandonar proyectos y sueños. Sí, hay objetivos que tendremos que modificar, planes que habrá que ajustar o expandir en el tiempo, pero las heridas no tienen por qué ser la ruta al fracaso o a un premio de consuelo. Irónicamente son muchas veces las mismas heridas las que nos dan mayor ímpetu para apuntar más alto que quienes no han sufrido.

Así que, muestra tus logros.

Luego, desafía y enseña a otras personas a convertir sus sueños en realidad.

Con estos siete elementos todos podemos tener el coraje que hace falta para contar nuestras historias y tener un impacto positivo en quienes nos oyen. Moisés le dice al pueblo de Israel: «Recuerda que durante cuarenta años el SEÑOR tu Dios te llevó por todo el camino del desierto, y te humilló y te puso a prueba para conocer lo que había en tu corazón y ver si cumplirías o no sus mandamientos» (Deuteronomio 8:2).

Todos tenemos una historia maravillosa, que puede tener momentos de dolor, pena, dificultades, enojo, culpa, tristeza, confusión y desesperación. Tenemos que contar nuestra historia, gritarla desde las terrazas para que se oiga como un eco en nuestra comunidad. Necesitamos contarla a nuestros amigos, a nuestros hijos. Debemos contarla y hablar sobre ella en casa, en el trabajo, donde sea que vayamos. No tenemos que permitir que nuestra historia se desperdicie.

Una crisis en Ecuador

Temida por su ferocidad, la tribu caníbal de los indios auca vivía en lo profundo de la selva tropical de Ecuador. Sin embargo, un grupo de jóvenes misioneros decidió en sus corazones compartir con ellos el amor de Dios.

El 8 de enero de 1956, luego de varios contactos con los aucas, Jim Elliot y cuatro misioneros más aterrizaron en una avioneta sobre un camino de blancas arenas junto al río Curaray. Elisabeth Elliot y otras esposas esperaban junto a la radio de onda corta para oír cómo iba la reunión con los indios.

Jim prometió enviar un aviso a las cuatro y media. A las cinco de la tarde todavía no había noticias. No era lo usual en su esposo, y a medida que pasaban las horas Elisabeth supo que algo tenía que haber salido terriblemente mal.

Durante los días siguientes Elisabeth se enteró de los detalles de cómo su esposo de veintiocho años y sus compañeros habían sido brutalmente asesinados mientras ofrecían su amistad y afecto a los nativos.

Elisabeth quedó en estado de choque. *¿Cómo podría haber sucedido esto? ¿Por qué no había protegido Dios a estos hombres? ¿Por qué se habría llevado Dios a estos hombres tan comprometidos y valientes?* Elisabeth elaboró su duelo contando su historia y la de quienes habían sacrificado sus vidas.

El año siguiente, Elisabeth contó su historia al mundo en *Through Gates of Splend*or. Escribir la ayudó a sanar y conmovió profundamente a los que leyeron su libro. Seguía explorando sus heridas y experimentando el consuelo de Dios, y escribió entonces *Shadow of the Almighty*, *A Path Through Suffering* y *The Path of Loneliness*.

Al contar su historia abiertamente, Elisabeth Elliot ha tenido impacto en millones de personas. Su mensaje de esperanza y aliento puede resumirse en sus propias palabras: «Puedo decir con toda sinceridad que del más profundo dolor ha surgido la más potente convicción de la presencia y el amor de Dios».

1. ¿Qué es lo que te impide contar tu historia?

   la vergüenza   el miedo al rechazo
   la timidez   la culpa
   el agotamiento   el orgullo

2. ¿Qué es lo que más te cuesta aceptar de tu historia? ¿Por qué?

3. ¿De qué modo podrías ayudar a otros con tu historia?

4. Tómate tiempo para escribir tu historia usando las siete preguntas de la página 234. Pídele a una buena amiga que te escuche mientras la lees.

Hacia adelante

[Steve]

Iré donde sea, siempre y cuando sea hacia adelante.

DAVID LIVINGSTONE

a vida es una aventura asombrosa, llena de excitación y desaliento, de sueños dulces y horrendas pesadillas, de aguas calmas y tormentas turbulentas. Desearíamos que todo fuera sencillo, brillante, que la gente fuera siempre buena, que las heridas se esfumaran de nuestra mente como si fueran un cuento de hadas.

Pero no es así la realidad.

Y lo más probable es que ni siquiera sería sano que así fuera.

Es posible que necesitemos algo de dolor.

Ann Bradstreet sugiere: «Si no existiera el invierno no sería tan bella la primavera».

Sé que cuando mi esposa Tami sale con sus amigas a la playa durante un fin de semana, la aprecio más cuando regresa.

Las heridas y los obstáculos están por todas partes. No nos gustan y peleamos contra todo esto.

Pero, ¿qué pasaría si las heridas fueran un medio para que pudiéramos avanzar?

¿Qué, si el dolor es un maestro y las dificultades son oportunidades?

¿Qué si la vida sin lucha fuera vida desperdiciada?

Cuando el Papa Juan Pablo II recibió el disparo del asesino turco, vio la situación como oportunidad para ser modelo de perdón. Al cumplirse un año de su fallido intento de asesinato dijo: «En los designios de la Providencia no hay meras coincidencias».

Una herida puede ser una bendición si tan solo abrazamos la bendición y no nos quedamos pegados a la agonía y desesperación del sufrimiento. No es que minimicemos el sufrimiento: es que decimos que puede haber un significado que se vislumbra en medio de las tinieblas. Por difícil que te resulte admitir esto ahora, el dolor quizá valga la pena.

Habrá problemas, pero la vida sigue. O seguimos adelante con ella, o la revivimos concentrándonos cada vez más en las dificultades. Todos tenemos que preguntarnos: *¿Vivo la vida en el espejo retrovisor o con los ojos atentos al camino que hay por delante?*

Porque si nos concentramos solo en los obstáculos del pasado no podemos crecer. Quedamos enredados en las peores emociones del pasado. Todo se detiene. El apóstol Pablo escribe: «una cosa hago: olvidando lo que queda atrás y esforzándome por alcanzar lo que está delante, sigo avanzando hacia la meta para ganar el premio que Dios ofrece mediante su llamamiento celestial en Cristo Jesús» (Filipenses 3:13-14).

Todos necesitamos avanzar, porque allí es donde está la vida. Tenemos que empezar dando el primer paso.

El primer paso

«Mi sueño», dijo Lydia, una niña de diez años cuyo padre acababa de morir súbitamente, «es que el próximo año sea mejor que este».

De eso se trata el primer paso. Es esperar algo mejor en lugar de dejar que la ansiedad te retenga sumido en el dolor. Bill y Gloria Gaither lo resumieron al escribir: «Porque Él vive, puedo enfrentar el mañana».

Cristo nos da fuerza, consuelo y esperanza. No importa qué haya en el pasado, Él estará con nosotros mientras avanzamos. Las Escrituras nos dicen que Él fue: «Despreciado y rechazado por los hombres, varón de dolores, hecho para el sufrimiento» (Isaías 53:3).

Jesús entiende el dolor. Él sufrió para que nosotros tuviéramos sanidad y perdón. Pavimentó el camino para que pudiéramos tener un futuro brillante.

POR NOSOTROS... JESÚS FUE...

despreciado

rechazado

pisoteado

herido

aplastado

golpeado

azotado

oprimido

tratado injustamente (véase Isaías 53:3-7)

Dios tiene grandes sueños para nosotros. Lo único que tenemos que hacer es dar un paso adelante y tomar estos sueños. Somos más grandes que nuestras heridas, y quizá también más grandes *a causa de* nuestras heridas. Pablo escribió a la iglesia de Galacia: «Cristo nos libertó para que vivamos en libertad. Por lo tanto, manténganse firmes y no se sometan nuevamente al yugo de esclavitud» (Gálatas 5:1).

¡Qué consejo maravilloso! Dios nos libertó. Nos liberó de nuestras heridas, nuestra culpa, temores y pasado. Podemos avanzar con confianza y entusiasmo confiando en que Dios está con nosotros, con entusiasmo porque Él tiene planes maravillosos para nosotros. Alguien dijo: «Si caminas hacia la luz, la sombra estará siempre detrás de ti». Caminar hacia la luz significa dar un paso adelante y no permitir que nada nos detenga. Dios está esperándonos. Solo tenemos que tener coraje y fe para unirnos a Él.

Nuestro futuro no será perfecto. Habrá nuevos desafíos, nuevas dificultades y, sí, también nuevas heridas. Pero seremos más fuertes debido a lo que pasamos ya. Louisa May Alcott escribió: «No temo a las tormentas porque estoy aprendiendo a navegar mi barco».

Es interesante que no dijera que ya había aprendido a navegar, sino que estaba aprendiendo. Todos estamos en un proceso... ninguno de nosotros ha llegado todavía. Pero en este viaje, con ayuda de Dios y nuestra propia determinación, avanzamos y descubrimos la victoria.

Emily Main, una de nuestras revisoras, escribió: «De tanto en tanto sufrimos. Lo bello de Dios es que cuando le permitimos sanar nuestro corazón ya no hay vuelta atrás. Nuestras vidas cambian y afectan nuestro futuro. Las generaciones siguientes no heredan nuestras heridas, porque se rompe el círculo. Esa es su victoria».

Agradecer a Dios

Es inicialmente difícil agradecer a Dios por nuestras dificultades y sufrimientos. Queremos enojarnos con Él y preguntarle: ¿Por qué?

Es posible que Dios responda a esta pregunta.

A veces lo hace.

Pero no muy a menudo.

Hay otras preguntas que son más probables que Él conteste...

¿Qué... de qué se trata todo esto, Señor? ¿Qué quieres que aprenda, que vea, que haga? ¿Y cómo... cómo voy a soportarlo? ¿Cómo saldré de esto? ¿Cómo saldré de estas aguas turbulentas sin ahogarme? ¿Cómo quieres usar esto en mi vida?

Cuando se trata de las preguntas como *cuándo* o *por qué...* quizá no debiéramos esperar una respuesta definitiva.

Los *cuándos* de la vida están en sus manos (Salmo 31:15). Y es posible que jamás sepamos la respuesta al *porqué*. Al menos no hasta que hayamos pasado de esta vida frágil y veamos a nuestro Creador cara a cara. A lo mejor es importante que no podamos conocer todos los detalles de los *porqués* de nuestro sufrimiento, porque entonces no habría necesidad de tener fe.

Es al confiar en Dios en las buenas y las malas que nos acercamos más a Él. Y cuando más nos acercamos, más fácil es agradecerle por todas las cosas.

La gratitud da forma a nuestra actitud, haciendo que hasta lo difícil sea positivo. En su libro, *Now That I Have Cancer I Am Whole*, John Robert McFarland escribe: «Estoy tan agradecido que no tengo días malos. Tengo días de náuseas y días de miedo. Días de cansancio y días de dolor. Días largos y días cortos. Días de silencio y días de soledad... días de frío y días de calor. Pero no días malos, y estoy muy agradecido».

La gratitud nos mantiene concentrados en lo positivo. Nos recuerda que siempre hay esperanza, y que las dificultades pasarán. Las heridas tienen límites, pero la gratitud no los tiene. En realidad, cuanto mayor sea nuestra gratitud, mayor conciencia tenemos de nuestra sanidad y de que Jesús de veras es el Médico supremo.

La gratitud es fe en acción. Cada momento de cada día está lleno de cosas por las que hemos de sentir gratitud. Randy Stonehill escribe: «Celebra este latido». La gratitud nos hace estar más vivos, más entusiastas, más optimistas. La gratitud es un prisma que añade luces y colores brillantes a todo lo que vemos. En nuestras noches más oscuras es un faro que nos guía hacia nuestro Padre celestial.

El Dr. Gregory Jantz escribe: «Encontrar las bendiciones de Dios en cada hora de mi sufrimiento es una de las claves más importantes para poder levantarme, resistir y volver a ser fuerte».

Hay millones de cosas por las que hemos de dar gracias a Dios. Lo único que nos limita es nuestra pobre atención, nuestra estrecha perspectiva y la falta de fe.

David se maravillaba al pensar en la bondad y cuidado de Dios, y escribió: «¡Cuán preciosos, oh Dios, me son tus pensamientos! ¡Cuán inmensa es la suma de ellos! Si me propusiera contarlos, sumarían más que los granos de arena. Y si terminara de hacerlo, aún estaría a tu lado» (Salmo 139:17-18).

Al pasar por las temporadas de dificultad, hay dos cosas por las que tenemos que agradecer a Dios.

Primero, *las heridas en sí mismas.*

Ellas son dones, y al mismo tiempo son pruebas. Helen Keller dijo: «Doy gracias a Dios por mis discapacidades porque a través de ellas me encontré a mí misma, encontré mi tarea y a mi Dios».

Segundo, *la presencia de Dios.*

Él siempre está junto a nosotros, aun cuando no sentimos su brazo rodeándonos los hombros. El profeta Isaías reconoce el papel de Dios como «un baluarte para el desvalido, un refugio para el necesitado, un resguardo contra la tormenta, una sombra contra el calor» (Isaías 25:4). Él ha sido todas estas cosas para cada uno de nosotros, y tenemos que darle gracias. No porque Él necesite nuestra gratitud, sino porque nosotros necesitamos agradecer. Porque al agradecer a Dios, todo cobra sentido, todo vale la pena.

249

Abrazar la eternidad

No es esta vida todo lo que existe. En el mejor de los casos, en el momento más dulce y sublime, es solo un breve vistazo del mundo inimaginable y bello que hay más allá de nuestros sentidos físicos. Esta vida es más corta de lo que podemos imaginar, y la eternidad es más larga de lo que podríamos concebir siquiera. Randy Alcorn, fundador de Eternal Perspective Ministries, ilustra la vida de cada persona como un punto pequeño sobre una línea infinita. Moisés escribe: «Algunos llegamos hasta los setenta años, quizás alcancemos hasta los ochenta [...] pronto pasan, y con ellos pasamos nosotros» (Salmo 90:10).

Ahí es cuando empieza nuestra vida de verdad.

Lo que experimentamos ahora es sencillamente un anticipo, un precalentamiento, una sombra, un prólogo a lo que es real. Más allá de esta vida hay una tierra llamada cielo, donde no hay lágrimas, ni problemas, ni sufrimiento ni heridas. Es un mundo donde todo ha sido sanado y donde no hay quebranto. Es la tierra a la que pertenecemos. Como dijo Abraham Lincoln: «El hombre fue creado para la inmortalidad».

Nuestras heridas nos hacen estar más dispuestos a dejar ir lo que tenemos aquí. Nuestras tribulaciones y problemas nos hacen ver hacia adelante, hacia un mundo más glorioso. Pedro explica que «según su promesa, esperamos un cielo nuevo y una tierra nueva, en los que habite la justicia» (2 Pedro 3:13).

Nuestro sufrimiento y dificultades nos hacen ser impacientes en la espera de una eternidad que no esté manchada por las realidades dolorosas que enfrentamos día a día. Francis DeSales escribió: «Pronto estaremos en la eternidad y entonces veremos cómo todos los asuntos del mundo son cosas tan pequeñas».

Vivir a la luz de la eternidad pone todas las cosas en perspectiva. Le da nuevo sentido a nuestros días y nos hace volver a establecer prioridades, viendo qué es lo que más importa. La eternidad señala nuestra necedad y planta una paz en nuestro corazón que desafía las circunstancias actuales. Al mirar hacia adelante nos sentimos impulsados hacia adelante. Nos recuerda esto que Matthew Henry tenía razón al decir: «Debería ser nuestra tarea de cada día prepararnos para nuestro último día».

Yo querría agregar: «Y todos los días de la eternidad».

¡La vida está llena de desafíos! Es extraño que esto sorprenda a tanta gente. Claro que hay algunos que parecen tener desafíos más pequeños, en tanto otros enfrentan retos abrumadores. Rick Warren escribe: «La vida sobre la tierra es una prueba».

Cada una de las dificultades es una prueba que determinará nuestra paciencia, coraje, carácter, determinación y fe. A veces podemos manejar bien los desafíos, y a veces no lo logramos. El apóstol Santiago nos recuerda: «Dichoso el que resiste la tentación porque, al salir aprobado, recibirá la corona de la vida que Dios ha prometido a quienes lo aman» (Santiago 1:12).

Mientras aprendemos cómo tratar nuestras heridas mejora nuestra perspectiva de este mundo y aumenta nuestro aprecio por el mundo que vendrá. En el cielo tendremos recompensas increíblemente asombrosas, basadas en cómo pasamos las pruebas de esta vida. Sin embargo, y por la gracia de Dios, aunque no pasemos las pruebas la eternidad igual estará llena de gozo, luz y belleza trascendental. D. L. Moody dijo: «Toma coraje. Caminamos hoy en el desierto, y en la Tierra Prometida el día de mañana».

Fe insaciable

Todos desearíamos que la vida fuera un patio de juegos, pero la Biblia nos dice que es un campo de batalla. Recibimos golpes, heridas, y sufrimos. Pero a través de todo esto nuestra fe crece. Y a medida que crece nuestra fe nos acercamos más y más a Dios.

Pablo nos dice: «tomen el escudo de la fe, con el cual pueden apagar todas las flechas encendidas» (Efesios 6:16). Años más tarde escribió: «Comparte nuestros sufrimientos, como buen soldado de Cristo Jesús» (2 Timoteo 2:3). En el campo de batalla de la vida nuestra fe tiene el potencial de hacernos más fuertes y profundos. Nuestras heridas se convierten en símbolos de nuestra pelea. No son algo de lo que debamos avergonzarnos, ni tenemos que sentirnos inseguros a causa de ellas. A los ojos de Dios no hay nada malo en nuestras heridas.

Las dificultades son oportunidades para avanzar. Pueden sacar a la luz lo mejor y lo peor de nosotros, dependiendo de cómo las veamos y qué hagamos con ellas. Los problemas nos transforman si lo permitimos. Como dijimos antes: los desafíos pueden ser lo que nos dé mayor poder para ir al siguiente nivel. Dios no quiere lastimarnos, pero está dispuesto a usar nuestro dolor para lograr grandes cosas en nosotros y alrededor de nosotros. Zane Grey escribió una vez que su receta para la grandeza era «soportar la pérdida, pelear contra la amargura de la derrota y la debilidad del dolor, ser victorioso por sobre la ira, sonreír cuando asoman las lágrimas... y mirar hacia arriba con fe insaciable en algo que será más grande que cualquier otra cosa».

Esto es lo que quiero: una fe insaciable.

Sin embargo, sin heridas mi fe no sería puesta a prueba. Y sin avanzar, mi fe no tendría recompensa.

Al fin, no debemos olvidar nunca que Dios nos ama. Él anhela sanar nuestras heridas en el momento indicado. Él está esperando consolarnos tan pronto se lo pidamos. Él quiere fortalecernos a medida que nos apoyamos más y más en Él.

Así que mientras caminamos este mundo lleno de problemas, aferrémonos con firmeza a su gozo, su paz, su propósito y en especial a su esperanza. Porque es a través de la esperanza que avanzamos y es al avanzar que descubrimos que Dios puede satisfacer todas nuestras necesidades.

1. ¿Qué ideas de este libro te han ayudado a avanzar? ¿Con cuál de las historias te sentiste identificada? ¿Has progresado en tu sanidad?

2. La gratitud nos hace estar más vivos, más entusiastas, más optimistas. ¿De qué manera se comprueba esto en tu vida?

3. Cuando piensas en tus heridas a la luz de la eternidad, ¿qué nuevas perspectivas te vienen a la mente?

4. Anota tres ideas de este libro que te hayan sido de utilidad. Tómate tiempo para reunirte con alguien que sufre y aliéntale con estos conceptos.

Preguntas para discutir en grupo

Prólogo: La noche oscura

1. ¿De qué modo ha respondido la gente cuando hablas de tus heridas?

2. ¿Qué es lo que te da miedo cuando piensas en hablar francamente de tu historia y tus heridas?

3. ¿Cómo esperas que responda la gente de este grupo cuando te abras y cuentes tu historia, tus dolores más profundos?

Capítulo 1: Demasiada lluvia

1. Elige tres de las siguientes preguntas y dile al grupo tus respuestas.

    a. ¿Cuáles heridas son las que necesitan más de mi atención?

    b. ¿De qué manera me afectan hoy mis heridas?

   c. ¿En qué parte del camino de sanidad estoy?

   d. ¿De qué manera pueden hacerme más fuerte mis heridas?

   e. ¿Cómo puede Dios usar mis heridas para bien?

2. ¿Cómo te sientes cuando las personas con buen corazón te dan respuestas fáciles o fórmulas simplistas para que enfrentes tu dolor? ¿Cuándo te sucedió esto? ¿Cómo lo manejaste?

3. ¿De qué manera te han dado esperanza otras personas?

Capítulo 2: Luces en la oscuridad

1. Habla de algún momento en que tu dolor te haya confundido. Con frecuencia nos confundimos cuando sentimos dos o más emociones al mismo tiempo. ¿Qué combinación de emociones te confunde más? (Ej.: amor y odio, enojo y tristeza, dolor y alivio, miedo y excitación).

2. Declaramos que sentir es sanar. ¿Qué te parece esta afirmación? ¿Es fácil o difícil para ti conectarte con esta idea? ¿Por qué?

3. Lee 2 Corintios 4:6-9. Encierra en un círculo las palabras o frases que más lleguen a tu corazón. Dile a tu grupo por qué te identificas más con estas palabras en particular.

Capítulo 3: Dolor del bueno

1. ¿Te es fácil o difícil apoyarte en otras personas cuando sufres? ¿Por qué?

2. Describe un momento en tu vida en que necesitaste apoyarte en otras personas. ¿De qué modo te ayudaron?

3. De las ocho sugerencias de la página 55 en cuanto a cómo ayudarte cuando sufres, ¿cuáles tres son las que más necesitas?

Capítulo 4: Rostros ocultos

1. ¿Por qué son tan devastadoras la culpa y la vergüenza para las personas?

2. Lee Juan 8:1-11, la historia de la mujer que fue atrapada cometiendo adulterio. ¿Con qué personajes de la historia te identificaste más? Con la mujer atrapada, con el tipo que se salió con la suya, con los que iban a apedrearla, o con Jesús ofreciéndole perdón.

3. De las diez declaraciones de lo que dice la vergüenza en la página 76, ¿cuáles son las que te repetirías con más frecuencia? ¿Cuál es tu reacción a la respuesta de Dios que se encuentra junto a estas afirmaciones?

Capítulo 5: Encontrar los temores, encontrar la paz

1. ¿Qué es lo que más te asustaba cuando eras niña? (La oscuridad, las arañas, las víboras, el rechazo, el fracaso, las alturas, la ira, la muerte, la pérdida de tus padres, _____.) ¿Sigues teniendo alguno de esos miedos hoy?

2. El miedo nos miente haciéndonos ver una realidad que no existe. Describe un momento de tu vida en que te pasó esto. ¿Cómo reaccionaste? ¿Quién vino a tu lado y te ofreció objetividad?

3. ¿Cuándo experimentaste la paz de Dios? Describe qué se siente. Cuenta qué fue lo que te permitió experimentar su paz.

Capítulo 6: Deja ir el enojo

1. ¿Qué es lo que por lo general te hace enojar?

2. ¿De qué manera te hacen más vulnerable tus heridas ante el enojo? ¿Qué te repites mentalmente sobre tu dolor que te mantiene enojada?

3. ¿Cuáles de las palabras refrescantes en la página 101 podrían enfriar tu enojo esta semana? Compártelas con tu grupo.

Capítulo 7: El arte de sobreponerse

1. ¿Qué sufrimiento del pasado has dejado atrás?
   ¿En qué experimentaste sanidad? ¿Qué cosa te
   ayudó a dejarlo atrás?

2. ¿Qué sufrimiento de tu pasado es el que más te
   cuesta dejar atrás? Explícalo, por favor.

3. ¿Quién es la persona más optimista que conoces?
   ¿De qué manera te afecta su optimismo? ¿Cuáles
   de las siguientes características del optimismo
   querrías integrar a tu vida? (Mira la lista en las
   páginas 120–122, donde dice ve lo mejor, cree lo
   mejor, elige lo mejor, vive lo mejor).

Capítulo 8: Oscuridad y minas explosivas

1. Mira el acróstico de COMPARE, en la página
   128. ¿Cuál de estas cosas te tientan a compararte
   con los demás?

2. ¿Cuándo sueles quejarte? ¿Cómo te sientes
   cuando te quejas?

3. Identifica tres cualidades positivas en cada uno de
   los miembros de tu grupo. Habla de estas
   cualidades recorriendo el círculo en que están
   sentados.

Capítulo 9: Abrazada por la sanadora presencia de Dios

1. Habla de un momento en que hayas llamado a Dios y...

- parecía guardar silencio

- te sentiste peor

- te dio paz

- te dio rumbo

- oíste su voz

- percibiste su presencia

2. ¿Cuándo te rescató Dios de manera física, emocional o espiritual?

3. ¿De qué modo te ayudó a sanar tu fe?

Capítulo 10: El consuelo de quienes nos quieren

1. ¿Qué es lo que más necesitas de los demás cuando estás sufriendo? ¿Sus palabras, su toque o su presencia? ¿Por qué?

2. ¿Cuáles de las ocho ideas de la lista sobre cómo conectarse con los demás en las páginas 163–164 te sería más fácil aplicar esta semana? ¿Con cuáles necesitarías ayuda?

3. ¿De qué modo podría ayudarte un mentor o entrenador en esta época de tu vida? De las características que figuran en la página 167, ¿en cuáles necesitarías ayuda?

Capítulo 11: Triunfo a partir de la tragedia

1. El dolor hace pensar al hombre. ¿Se dio esto en tu vida?

2. Da un ejemplo de algún momento en que la adversidad haya enriquecido tu vida. ¿Has crecido en términos de madurez, coraje, compasión, carácter y fe?

3. ¿Quién ha sido el mayor ejemplo de triunfo sobre la tragedia para ti?

Capítulo 12: Nuevos comienzos

1. ¿Qué significan para ti las palabras del Señor en este pasaje, en este momento de tu vida? «Si te arrepientes, yo te restauraré [...] Pero yo te restauraré y sanaré tus heridas —afirma el SEÑOR» (Jeremías 15:19; 30:17). ¿De qué manera necesitas que Dios cumpla esta promesa en ti el día de hoy?

2. Enumera tres formas en que puedes crear un nuevo comienzo para tu vida desde mañana por la mañana. ¿Cuáles son los obstáculos que podrías encontrar?

3. Jesús vino para llenar tu dolor con su presencia. ¿Cómo lo sientes en medio de tu dolor? Si no lo sientes, ¿qué podrías hacer para abrirle la puerta?

Capítulo 13: Confía otra vez

1. ¿Por qué es tan difícil confiar? ¿Cuándo te cuesta menos y por qué?

2. ¿Cuáles de las cosas que hemos de dejar atrás, que figuran en la página 204, necesitas dejar en el pasado?

3. ¿Qué riesgos correrías si se te dieran garantías de que no podrías fallar? ¿Cuál sería tu primer paso? ¿Cuándo darías este primer paso?

Capítulo 14: Por favor, sé amable contigo misma

1. ¿Cuándo fue la última vez que te tomaste un descanso? ¿Qué haces para reponer tus energías?

2. ¿Cuántas horas de sueño te permites cada noche? ¿Cuántas horas precisas en realidad? ¿Qué puedes hacer para satisfacer mejor tu necesidad de sueño?

3. ¿Qué estilo de música te relaja más? Dile a tu grupo el nombre de tu CD de relax favorito.

Capítulo 15: Cuenta tu historia

1. Anota en una lista los tres puntos más bajos de tu vida y cuéntale al grupo sobre uno de ellos.

2. ¿Cuáles de los siete pasos de las páginas 236–240 te resultan más naturales?

3. ¿Con quién te sentiste más segura al contar tu historia? ¿Qué elementos de tu historia podrían ayudar a otros que están sufriendo?

Capítulo 16: Hacia adelante

1. Decimos que somos más grandes que nuestras heridas y quizá aun más grandes a causa de nuestras heridas. ¿Ha sido así en tu experiencia?

2. ¿Estás lista para ir hacia adelante? ¿Qué te lo impide? ¿Qué cosa te ayuda?

3. La vida es más dulce cuando abrazamos nuestro futuro con entusiasmo. ¿Por cuáles de las siguientes cosas necesitas pedir a Dios que te ayude? Sabiduría, fuerza, confianza, amistades, protección, coraje, perdón, esperanza.

Notas

1. Algunas porciones de estos cinco pasos ya han sido publicadas en *La mujer agotada*, de Steve Stephens y Alice Gray (Editorial Unilit, Miami, Fl. 2005).
2. Stormie Omartian, Stormie: *A Story of Forgiveness and Healing* [Stormie: una historia de perdón y sanidad] (Harvest House Publishers, Eugene, OR, 1997).
3 Amy Harmon, «Sad, Lonely World Discovered in Cyberspace», *The New York Times*, 30 de agosto de 1998.